리수푸, 자동차를 향한 올인

[**지리그룹**〈자동차〉]

# 리수푸, 자동차를 향한 올인

**초판 1쇄 발행** | 2016년 11월 30일

저   자 | 장밍전
번   역 | 이호철
펴낸이 | 김호석
펴낸곳 | 도서출판 린
편   집 | 박은주
디자인 | 박무선
교   정 | 손지숙
마케팅 | 오중환
관   리 | 김소영
주   소 | 경기도 고양시 일산동구 장항동 776-1번지 로데오 메탈릭타워 405호
전   화 | (02) 305-0210 / 306-0210 / 336-0204
팩   스 | (031) 905-0221
전자우편 | dga1023@hamnail.net
홈페이지 | www.bookdaega.com

ISBN    979-11-87265-10-8  04300
        979-11-87265-03-0  (세트)

〈사진 출처〉
연합뉴스, Wikimedia Commons(Carlos A. P. Campani, Chris 73, Dickelbers, Enslin, Graeme Bray, Jakob Montrasio, Jsheen, KotVadim, MNXANL, Mr.choppers, M 93, Navigator84, Ngchikit, order_242, Oriez, Pressens bild, Rodejong Claes Hillén, Roger Wo, Runner1928, S. Kasten, Siyuwj, Unisouth, Unknown, WikiDeaPi)

# 리수푸, 자동차를 향한 올인

PERSISTENT EFFORT OF LI SHUFE

# 차 례

## 자동차를 향한 꿈

## 효율적인 관리가 진정한 경영이다

## 뱀이 코끼리를 삼킨 신화

# 자동차를 향한 꿈

창업을 선택한 사람에게 꿈이 없다면 적극적인 행동을 취하기 어려우며 성공을 이루기는
더욱 불가능한 일이다.

창업 초기, 자동차에 대한 리수푸(李書福)의 사랑과 자동차 제조사업을 시작하겠다는 리
수푸의 말은 어떻게 보면 허황된 꿈같이 들렸을지도 모른다. 주변 사람들은 그를 세상 물
정을 모른다고 비웃었지만, 남들이 보기에 한낱 허황된 꿈을 리수푸는 결국 이루어 냈다.

리수푸가 자동차 사업을 시작할 당시의 상황은 매우 열악했다. 리수푸가 가진 것이라고는
아무것도 없었다. 주변의 극심한 반대와 열악한 창업 조건 등은 자동차를 만들겠다고 호언
장담하는 그를 웃음거리로 만들었다. 그러나 리수푸는 첩첩난관을 이겨내고 험난한 창업
의 길에서 버텨냈으며 그의 사업은 날로 번창해 갔다.

# 1

## 포기란 없다

　꿈을 이루기 위해서는 어려움을 헤쳐 나갈 수 있는 굳센 용기가 필요하다. 힘겨운 현실 앞에서 머리 숙이지 않고, 가야 할 길이 아무리 험하고 힘들더라도 움츠러들지 않고 목표를 향해 앞으로 또 앞으로 나아가야 한다.

　리수푸는 일찍이 19살부터 사업을 시작했다. 사진촬영 사업을 시작으로 냉장고 부품 생산업에 발을 들여놓으면서 종잣돈을 모으게 되었다. 그 후 부동산 사업을 시작했다가 크게 실패하면서 다시 오토바이 제조업을 시작했다.

　1994년, 리수푸는 자동차 생산에 손을 대면서 다른 사람들이 보기에 전혀 말이 안 되는 '자동차의 꿈'을 이루어 나가기 시작했

1994년 오토바이 제조를 시작한 지리자동차의 모습　　▷출처: 지리자동차 홈페이지

다. 그의 '자동차의 꿈'은 지금까지도 진행 중에 있다.

　중국에서 민영기업가로서 자동차 생산을 선택한 사람은 리수푸가 최초일 것이다.

　자동차 산업에 대한 민영기업의 참여가 금지되었던 시기에 리수푸는 자동차 '생산 허가증'조차 받을 수 없었다. 정책상의 자동차 '금지령'은 리수푸가 도저히 넘을 수 없는 거대한 장벽과도 같았다. 하지만 리수푸는 정책의 장벽을 교묘하게 피해가는 방

타이저우의 도시 풍경　　　　　　　　　　　▷출처: Wikimedia Commons

법을 알아냈다. 리수푸는 '우선 아이부터 낳고 보자.'라는 '도박'과 같은 전략으로 그의 앞을 가로막는 난관을 뚫으며 기어이 '자동차의 꿈'을 위한 길을 개척해 나갔다.

저장 성(浙江省) 타이저우 시(台州市)의 시골마을에서 가난한 집안의 아들로 태어난 리수푸는 고집스러운 집념으로 평민에서 갑부가 되는 전기적인 이야기를 만들어냈다.

어린 시절, 리수푸는 진흙으로 각양각색의 장난감을 만들면서 즐겨 놀았는데, 그때 그가 가장 많이 만든 장난감이 바로 자동차였다. 그는 진흙으로 만든 자동차 장난감을 부모님 몰래 침대 밑에 숨겨두고 놀았다. 그때부터 자동차에 대한 집념이 어린 리수푸의 마음속에 무의식적으로 뿌리를 깊이 내렸는지도 모른다. 그 뒤 리수푸는 생애 처음으로 자동차를 구매하면서 자동차를 직접 만들고 싶다는 생각을 하게 되었고, 언젠가는 꼭 실행에 옮기기로 마음먹었다.

1989년 심천(深圳)에서 연수 중이던 리수푸는 생애 첫 자동차로 심천시 중화(中華) 자동차 제조회사의 국산 중화 브랜드 자동차를 구입했다. 리수푸는 심천에서 중화자동차를 직접 운전하여 저장 성 타이저우 시의 고향집에 도착했다. 그때 그는 황옌지리(黃岩吉利) 인테리어 자재공장을 세워 건축 자재사업을 하고 있었다. 그 뒤 리수푸는 하이난(海南)에서 부동산 사업을 하다가 쓰디쓴 실패를 맛보았고, 우여곡절 끝에 오토바이 제조업계에 발을 들여놓았다.

리수푸는 오토바이 사업으로 많은 이익을 얻었지만 만족하지 않았다. 그는 언젠가는 꼭 자동차에 대한 꿈을 이루고야 말 것이라고 다짐했다.

그 뒤 리수푸는 고민 끝에 마음의 결정을 내리고 주위 사람들에게 자동차 사업을 시작하겠다고 선언했다. 리수푸의 말을 들은 가족들은 크게 반대했고, 다른 사람들도 리수푸에게 자동차 사업은 가능성 없는 일이자 하늘의 별 따기 같은 일이라며 웃어넘겼다. 자동차 생산에 대하여 문외한이었던 리수푸가 자동차 사업을 시작할 수 있는 여건이라고는 눈을 씻고도 찾아볼 수 없었다. 하지만 그는 주변 사람들의 불신과 반대를 무릅쓰고 결연히 자동차 생산 사업에 뛰어들었다.

● 개혁개방(改革開放)

개혁개방이란 중화인민공화국의 덩샤오핑의 지도 체제 아래에서 중국 국내 체제를 개혁하고 대외적으로 개방한 정책을 말한다. 1978년 12월에 개최된 중국공산당 제11기 중앙위원회 제3회 전체회의에서 제안되었다. 이 개혁개방은 마오쩌둥 시대의 문화대혁명으로 어려워진 경제를 되살리기 위하여 덩샤오핑이 추진한 정책이다. 중국 정부는 1978년 경제체제의 개혁과 동시에 대외개방 정책도 계획하여 개혁개방을 추진하였고, 1989년 천안문 사건으로 일시 중단하였다가 1992년 이후 다시 추진하여 빠른 경제 성장을 이루었다.

개혁개방을 추진한 덩샤오핑   ▷출처: Wikimedia Commons

　자동차 산업은 당시 중국에서 거대한 시장 전망을 가진 산업이었다. 리수푸는 이러한 미래를 내다보고 절호의 기회를 놓치고 싶지 않다고 생각했다.

　사실 그 당시에 자동차 제조 산업의 밝은 전망을 보고 투자 의향을 가진 사람들이 적지 않게 있었다. 개혁개방 전, 중국제1

자동차공장, 제2자동차공장 및 기타 자동차 제조공장에서는 많은 기술자들을 양성해 냈다. 하지만 대부분의 기술자들은 계획경제의 영향으로 자신의 업무능력을 충분히 발휘하지 못했다. 이런 객관적인 요인은 리수푸가 자동차 생산에 더욱 자신감을 가지게 했다.

자동차에 대한 열정이 남달랐던 리수푸는 절호의 기회를 포착하여 자동차 시장에서 거두어들일 수 있는 거대한 이윤을 확신했다. 리수푸는 그의 첫 차인 중화자동차를 분해해 보았다. 자동차의 내부는 그의 생각처럼 복잡하지 않았다. 자동차의 기술적인 면의 장벽을 무너뜨리는 것은 그리 어려운 일이 아니라는 확신이 생겼다.

리수푸는 미국 출장 당시, 미국의 자동차가 중국보다 훨씬 많다는 사실을 발견하였고 새로운 상업 기회를 엿보았다. 그리고 중국의 자동차 산업을 기필코 크게 성장시킬 수 있다고 단언했다. 그는 자동차 산업에 대한 마음을 굳혔고 한시도 주저하지 않고 앞으로 나아갔다.

자동차 제조는 거대한 프로젝트인 만큼 충분한 자금이 뒷받

지리자동차 홈페이지 화면 　　　　　　　　　　▷출처: 지리자동차 홈페이지

침되어야 이 계획을 실천에 옮기고 현실화할 수 있었다. 충분한 자금과 함께 자동차를 제조하기 위한 인력, 기술 등도 빠질 수 없는 필수 자원이었다.

1996년에 이르기까지 리수푸는 냉장고, 건축 자재, 오토바이 등의 사업을 통해 대량의 자본을 축적하여 명실상부한 부자로 거듭났다. 하지만 이 돈은 자동차 산업을 시작하기에는 턱없이 부족했다.

당시, 리수푸의 주머니에는 약 1억 위안이 있었다. 1996년에 생산된 산타나(Santana) 자동차는 국가에서 십여 억 위안을 투자

웅장한 자태를 자랑하는 지리그룹 건물　　　　　　　▷출처: Wikimedia Commons

한 모델이다. 그 밖에 상하이 자동차 제조공장에는 이미 십여 년
의 생산 경험과 탄탄한 실력을 갖춘 기술자들이 있었다. 이에 비
해 리수푸의 지리(吉利)그룹은 이제 막 걸음마를 뗀 초보 단계에
불과했다.

　　국가 산업정책에 따라 1994년부터 중국정부는 지역정부가 자
동차 산업에 투자할 경우 15억 위안이라는 최저 투자금액을 정
하여 규제했고, 이와 동시에 정부의 사전 행정허가를 취득하여

야 한다고 규정했다. 이런 엄격한 규정은 2005년까지 지속되었다. 2005년부터 정부는 민영기업에 대한 자동차 생산을 허가하였으나 최저 투자금액 규제를 15억 위안에서 20억 위안으로 늘렸다.

리수푸는 1억 위안의 비용으로 어떻게 자동차 생산 사업을 이끌어 '달걀로 바위를 치는' 것과 같은 상황에서 자동차 업계의 기적을 이루어 낼 수 있었을까? 우선 리수푸는 창업 초기, 약 16만 평의 토지를 구입하여 자동차 생산 공장을 건설했다. 하지만 자동차 생산에 필요한 각종 설비와 부품도 구입해야 했다. 1억 위안의 자금은 창업비용으로 쓰기에도 역부족이었다. 이에 리수푸는 지리의 발전 역사에서 유명한 '보스 프로젝트'를 내세워 외부 자원을 통합하여 자금부족 문제를 성공적으로 해결하고 자동차 업계의 신화를 창조했다.

'보스 프로젝트'란 무엇인가?

보스 프로젝트란, 지리그룹의 계열사 또는 생산 분공장의 지배구조를 합자기업 형태로 조정하고 투자자들이 사장이라는 신

제1편 자동차를 향한 꿈

분으로 경영에 참여할 수 있도록 추진한 획기적인 프로젝트를 말한다. 또한 리수푸는 자금 실력은 부족하지만 관리능력이 뛰어난 인재들을 지리그룹의 관리층으로 발탁하고 개인 실력만으로 사장 즉, 보스가 될 수 있도록 가능성을 열어놓았다.

당시 자금부족과 인재결핍으로 경영난을 겪고 있던 지리그룹은 문제를 효과적으로 해결할 방법으로 '보스 프로젝트'를 내놓았다. 보스 프로젝트를 통해 지리는 창업 초기의 여러 가지 어려운 형편을 이겨내고 자금부족 문제를 완화시켰다.

'리스크는 스스로 감당하고, 이익은 함께 나눈다.'는 경영이념을 내세운 '보스 프로젝트'는 지리그룹을 위해 자금력을 갖춘 많은 투자자들을 모았다. 지리의 최초 자동차 모델인 지리 SRV의 설비와 부품을 생산하는 차체 생산 제1분공장, 차체 생산 제2분공장, 기어 상자 생산 분공장 및 엔진 생산 분공장 등 많은 분공장은 모두 '보스 프로젝트'를 통한 투자 자금으로 원활하게 운영되었다.

정확히 말하면 '보스 프로젝트'란 리수푸가 토지, 작업장과 생산설비를 전부 마련해주고 '보스 프로젝트'에 참여하는 여러 보스들에게 임대해주어 그들의 투자로 자동차 조립 부속품을 생산하고, 생산해낸 상품으로 임대금을 내고 이윤을 남기는 방식이다. 즉, 리수푸는 여러 명의 보스들에게 분공장을 도맡게 하고 그들이 투자하여 분공장의 생산 및 운영을 진행하도록 했다. 동시에 각 분공장의 부품 생산과 지리자동차의 여러 생산부문을 통합시켰다.

리수푸의 이러한 획기적인 프로젝트는 많은 자금과 인재들을 모아 자동차 제조의 '꿈'을 현실로 만들었다. 이로써 지리그룹 내부에서 여러 보스들, 그리고 분공장과 본사 사이의 복합적인 주주권 관계가 형성되었다. 단, 대외적으로는 리수푸가 지리그룹의 대표로 활동했다.

그렇다면 그 보스들은 무엇 때문에 리수푸에게 투자하여 그가 자동차를 제조하는 데 도움을 주었을까?

그 원인은 바로 리수푸가 오랜 사업 활동과정에서 훌륭한 상업적 신용과 명예를 얻어 왔다는 데 있다. 또한 리수푸는 과거의 냉장고, 건축, 오토바이 등 다양한 사업에서 보스들에게 실질적인 수익을 가져다주었기 때문이다. 이러한 배경으로 리수푸가 자동차를 목표로 사업을 시작했을 때 주변의 사장들은 그의 안목을 믿었고, 리수푸가 다시 한번 자신들에게 무한한 이익을 가져다줄 수 있을 것이라고 확신했다. 따라서 그들은 서슴없이 주머니를 털어 리수푸의 자동차 제조의 꿈을 응원했다.

자금 문제가 해결되자 리수푸에게는 또 하나의 현실적인 문제가 나타났다. 그것은 바로 자동차의 '출생신고서'였다. 생산 허가 라이선스가 없으면 지리그룹에서 생산해낸 자동차는 시장에 진출할 수 없게 된다. 그러나 현실은 국가에서 민영기업의 자동차 생산을 금지하고 있었다.

자동차 '출생신고서'를 얻기 위해서는 두 가지 선택의 길이 있었다. 하나는 정부에 제조 허가를 신청하여 지리자동차에서 자동차를 생산할 기회를 청구하는 것이다. 다른 하나는 자동차 생산이 가능한 일부 국유 기업을 인수함으로써 라이선스를 얻는 방법이다.

그러나 리수푸에게 있어서 국유 기업을 인수한다는 것은 가망이 없는 일이었다. 그렇다고 해서 그가 정부 관련 책임자들과 깊은 친분이 있는 것도 아니었다. 이렇게 되면 두 번째 방법은 무산된 셈이다. 리수푸는 자동차 생산 자격을 얻기 위하여 신청과 거절을 반복하는 수밖에 없었다.

리수푸는 베이징과 저장 성 사이를 끊임없이 오가며 계속하여 정부를 설득하려고 애썼다. 생산 허가를 신청하는 과정은 그야말로 험난한 가시밭길이었으나 그는 절대로 포기하지 않았다. 그러던 어느 날, 리수푸는 쓰촨 성(四川省) 더양 시(德陽市)에서 몇몇 친구들과 식사를 하다가 우연히 자동차 생산 허가 라이선스를 따낼 방법을 발견하게 됐다. 그 방법은 바로 현지의 한 자동차 공장과 제휴하는 것이었다.

리수푸는 현지의 자동차 공장의 주식을 70퍼센트 정도 인수하고 회사 이름을 '쓰촨보잉자동차제조유한회사(四川波音汽車制造有限公司)'라고 지었다. 이렇게 리수푸는 버스 생산 라이선스로 자동차 생산에 입문하게 된 셈이었다. 국가 정책의 높은 장벽이라는 '적신호' 앞에서 멈춰서야 했지만 무작정 기다리기만 한 것이 아니라 우회적으로 다시 기회를 엿보는 것 역시 리수푸의 생존 지혜이다.

그러나 자동차 공장과의 제휴과정은 그리 순탄치만은 않았다. 리수푸의 말에 따르면 이 자동차 공장의 유일한 장점은 인력 비용이 비교적 저렴한 것인데, 그와 동시에 효율이 매우 낮다는 것이 단점이었다. 그 후 그는 '쓰촨보잉자동차제조유한회사'의 나머지 30퍼센트 주식까지 인수하여 저장 성 린하이 시(臨海市)에서 자체로 자동차를 생산할 기회를 얻게 되었다.

이로써 지리자동차의 진정한 자동차 제조 역사가 시작된 것이었다. 그러나 리수푸의 이와 같은 행보 역시 위험 요소가 많았다. 당시 중국에서는 타지에서 자동차를 생산하는 것이 불법이었기 때문이다.

1998년 8월 8일, 지리그룹의 첫 번째 자동차인 지리 SRV가 출시되었다. 리수푸는 자신이 낳은 '신생아'를 바라보며 희열과 성취감을 감추지 못했다. 리수푸는 700여 장의 초대장과 100여 상의 잔칫상을 마련하여 관련 부문 인사들을 초대해 다 함께 지리 SRV의 탄생을 축하하려고 했지만 많은 사람들이 참석을 거부했다.

당시 정부에서는 '3+6'의 산업 구조를 제정하여 자동차 업계에는 3개의 자동차 기업과 6개의 중형 자동차 기업이 독점적인 구도를 형성하고 있었다. 지리그룹이라는 듣지도 보지도 못한 민간 자동차 기업은 정책의 지원을 받지 못한 '사생아'와도 같았다. 그런 별로 중요하지 않은 기업에서 만든 자동차의 론칭 기념식에 사람들이 적극적으로 참석할 리가 만무했다.

이때 리수푸는 당시 저장 성 부성장직을 역임했던 예룽바오(葉榮寶)를 떠올렸다. 과거에 저장 성 자동차 부품 기업의 공장들을 이끌던 예룽바오는 타 지역에 연수를 떠났다가 결국 아무 결실 없이 돌아온 경험이 있다. 그 후 예룽바오는 저장 성 내부에 자동차 조립 공장을 세우기로 결심했었는데 예룽바오의 계획은 리수푸의 '자동차의 꿈'과 약속이나 한 듯이 맞아떨어졌다.

리수푸의 연락을 받은 예룽바오는 지리 SRV의 론칭 기념식에 참석하기로 하고 곧바로 300킬로미터를 달려 린하이로 찾아왔다. 부성장이 참석한다는 소식을 접한 시와 현의 간부들은 부랴부랴 서둘러 찾아오기 시작했고, 이로써 론칭 기념식은 성황리에 진행되었다. 예룽바오 부성장의 참석이 더욱 중요한 점은, 그는 지리그룹이 훗날 정식 생산 허가를 취득하는 데 매우 큰 힘을 더해주었다는 것이다.

'남의 둥지를 빌려 알을 낳는' 전략으로 마침내 지리자동차는 론칭에 성공했지만 리수푸는 하루도 잊지 않고 정식 '생산 허가'를 위한 신청을 했다.

2001년 7월, 국가경제무역위원회에서는 〈차량 생산 기업 및 완제품에 관한 공고〉(이하 〈공고〉로 약칭)를 반포했다. 그러나 지

● 리수푸와 지리자동차

지리자동차는 1986년 11월 6일에 설립되었고 1994년 오토바이 제조를 시작했다. 그 후 1997년이 되어서야 비로소 승용차 생산이라는 역사적 첫발을 내딛게 되었다. 그로부터 13년 뒤인 2010년, 지리자동차는 자사 매출의 20배 정도의 거대한 볼보자동차를 인수하면서 단숨에 세계적인 기업으로 뛰어올랐다. 이러한 지리자동차를 이끄는 사람이 바로 열정적인 리더십의 리수푸이다. 리수푸는 중국의 헨리 포드라는 별명으로 불린다.

리그룹에서 신청했던 2개의 모델은 여전히 〈공고〉에서 탈락되었다.

그러나 리수푸의 끊임없는 노력과 예룽바오 등 지인들의 전폭적인 지원으로 지리자동차는 끝내 정식 라이선스를 받게 되었다. 어느 날, 관련 부문에서 예고 없이 자동차 생산 라이선스를 추가로 발표하였는데, 그중에 '지리 JL6360'이 포함되어 있었다. 이튿날, 중국은 WTO에 가입하였고 지리자동차는 그토록 기다리던 생산 허가를 받게 되었다.

# 2

# 먼 길의 시작

공장이 일정한 규모를 갖추게 되고 안정적으로 운영되기 시작되자, 리수푸는 이에 안주하지 않고 전 중국 시장을 향한 진출을 결심했다. 전 중국 시장으로 진출하는 것은 지리자동차 기업 발전의 수요일 뿐만 아니라 경쟁력을 강화하고 상품의 품질을 향상시키기 위해 반드시 걸어야 할 길이었다. 리수푸는 이에 대해 다음과 같이 말했다.

"자동차 산업은 끝이 보이지 않는 마라톤 경기와 같습니다. 함께 달리는 참가자들이 많을수록 경기 성적은 더욱 좋아질 수 있습니다."

마라톤 경기는 참가자들의 강한 인내심을 필요로 하며 정해

진 목표를 향해 나아갈 수 있게 해 주는 끊임없는 노력이 필수적이다. 물론 리수푸가 바로 강한 의지로 거침없이 도전하고 어려움에 맞서는 인물이다.

## 쇠망치로 두드려 만든 자동차

생산 환경이 열악하고 자금이 부족한 조건에서 리수푸는 자동차 생산 전문가를 초빙할 능력이 전혀 없었다. 전문가들 역시 리수푸와 같은 자동차의 '문외한'이 자동차를 제조할 수 없다고 판단하고 리수푸의 초빙에 전혀 응할 생각이 없었다. 아무도 예상하지 못했듯이 지리의 첫 번째 자동차는 판금공이 직접 망치로 두드려 만들어냈다.

지리그룹의 창업 역사에는 이와 같은 글귀가 쓰여 있다.

"리수푸는 자동차 생산에 착수하기 전, 지리 모터 직원들의 명부를 낱낱이 조사하여 세 명의 기술자들이 과거에 자동차 공장에서 일한 경험이 있다는 것을 발견해냈다. 예상치 못한 발견을 한 리수푸는 기쁨을 감추지 못했다. 결국 이 세 명의 기술자는 지리자동차 최초의 중견 간부가 되어 역량을 발휘하였다. 리

고급스러운 분위기의 메르세데스 벤츠 자동차　　　　▷출처: Wikimedia Commons

수푸의 격려를 받으며 이들은 16만 평의 빈터에서 자동차를 만들기 시작했다.”

　리수푸가 자동차 생산 계획을 수립할 때 그 역시 일반형 자동차가 아닌 벤츠와 같은 수준 높은 자동차를 만들고 싶었다. 1996년, 리수푸는 두 대의 벤츠를 구입하여 타이저우에서 샅샅이 분해해 보았다. 그는 과거에 카메라를 분해하고 냉장고를 해체했던 것처럼 자동차를 분해하여 연구를 진행한 후 다시 자신만의 자동차를 만들어냈다.

　갓 구입해온 두 대의 고가의 벤츠는 이렇게 리수푸의 ‘수술대’

에 오르게 되었다. 그 결과는 모든 사람들의 예상을 깨기에 충분했다. 리수푸는 기존의 벤츠 자동차를 철저하게 분해하고 홍콩에서 벤츠 자동차 부속품을 사와서 다시 만들어 자신만의 '벤츠'를 선보였다.

● 고급스러움의 대명사, 메르세데스 벤츠(Mercedes Benz)

메르세데스 벤츠는 독일의 다임러 AG 브랜드 가운데 하나이다. 1890년 다임러가 세운 다임러와 1883년 K. 벤츠가 세운 벤츠가 합병되어 1926년에 독일의 자동차회사 다임러벤츠가 설립되었다. 이때 만들어진 브랜드가 바로 메르세데스 벤츠이다. 메르세데스 벤츠 자동차는 전 세계적으로 애호가들이 많고 고급 자동차의 대명사로 여겨지고 있다. 하지만 리수푸에게 있어 벤츠는 해부하여 자신만의 새로운 자동차를 만들어내기 위한 실험 도구일 뿐이었다.

Mercedes-Benz

벤츠를 세운 K. 벤츠  ▷출처: Wikimedia Commons

그러나 지적재산권 침해가 걱정된 리수푸는 자신이 만들어
낸 '벤츠'에 강화유리 플라스틱으로 된 커버를 장착했다. 자동차
에 강화유리 플라스틱으로 만들어진 커버가 있다니 신기한 일이
아닐 수 없었다. 리수푸는 이 부분을 강조하여 텔레비전 광고를
내보냈고, 이 광고를 본 사람들로부터 가격 문의 전화가 쇄도한
적도 있었다. 진정한 의미에 있어서 이 '벤츠'야말로 지리그룹 자
동차의 시조가 아닐까 하는 생각이 든다.

자동차 앞부분에서 볼 수 있는 지리자동차의 로고　　　▷출처: Wikimedia Commons

　　비록 '벤츠' 제조에는 실패했지만 리수푸는 자동차 제조가 사람들의 생각처럼 그렇게 어려운 것만은 아니라는 것을 느끼게 되었다. 리수푸는 자동차 제조 계획을 변경하여 저가형 자동차 시장을 우선 공략하기 위한 전략을 수립했다.

　　자동차를 '오토바이에 바퀴 두 개 더 달기'로 간단히 생각한 리수푸는 자신의 꿈을 향해 한 걸음 한 걸음씩 더욱더 가까워질 수 있었다.

현재, 지리그룹은 여러 가지 차량 모델을 보유하고 고속 발전하고 있는 자동차 회사로 부상했다. 그렇다면 이 대목에서 지리 자동차의 첫 번째 모델인 지리 SRV의 디자이너가 어떤 사람인지 궁금하지 않을 수 없다. 그 답은 물론 판금공이다! 실제로 지리 SRV는 수작업으로 두드려서 제조한 것이다. 수작업으로 제작된 지리 SRV의 설계도는 대량 생산이 시작된 뒤 몇 년이 지나서야 전문가들에 의해 보충 작업을 거쳐 완성되었다.

지리자동차는 창업 초기에 수많은 어려움을 겪었지만 결국 모든 어려움을 이겨냈다. 모방이라는 방법은 원가를 절약하는 지름길이었고, 판금공이 수공업으로 만들어낸 지리의 자동차는 예상 외로 관련 심사를 무사히 통과하여 대량 생산 허가를 받게 되었다.

가격 전쟁으로 시장을 넓히다

리수푸는 후발주자들이 흔히 사용하는 방식인 가격 전쟁으로 마케팅을 펼쳤다. 당시 중국 내 자동차 가격은 대부분이 10

만 위안 이상이었고 가격이 가장 낮은 톈진 샤리(夏利)도 판매가가 9만 위안에 가까웠다. 이에 비해 지리자동차의 첫 번째 모델인 지리 SRV의 판매가격은 5.8만 위안에 불과했다.

이미 성숙된 자동차 시장에서 후발주자로 무대에 등장한 리수푸는 좁은 틈새를 노려야만 했고, 가격 전쟁을 치르지 않는다면 지리 SRV를 포함하여 그 외의 모든 지리자동차들은 생존공간을 얻기 힘들었다.

1997년, 폭스바겐 비틀(Volkswagen Beetle)의 중국 내 판매가

● 딱정벌레차, 폭스바겐 비틀(Volkswagen Beetle)

둥그스름한 딱정벌레의 겉모양을 닮은 외형으로 인하여 '비틀'이라는 이름이 붙었다. 일명 딱정벌레차라고 불린다. 1930년대 정치적으로 작은 차가 필요하다고 판단한 히틀러의 지시에 따라 스포츠카 기술자로 유명한 포르셰 박사가 개발한 자동차이다. 내부 구조가 단순하고 내구성이 높은 튼튼한 자동차로 큰 인기를 끌었다.

# VOLKSWAGEN
AKTIENGESELLSCHAFT

는 미국의 3.36배, 뷰익(Buick)의 판매가는 미국의 2.36배, 도요타 코롤라(Toyota Corolla)의 판매가는 미국의 2.8배에 달했다. 이토록 놀라운 가격 차이에서 볼 수 있듯이 자동차 업계에는 거대한 발전 및 가격인하 공간이 존재했다.

그러나 저가 마케팅 전략은 수많은 논쟁을 불러일으켰다. 지리 SRV 자동차가 생산 설비에서 조립을 마쳤을 무렵 리수푸는 아직도 판매 경로를 찾지 못한 상태였다. 리수푸는 직접 장쑤 성

딱정벌레차로 불리는 폭스바겐 비틀　　　　　　　▷출처: Wikimedia Commons

뷰익 공식 사이트 화면 ▷출처: 뷰익 공식 사이트

● 고전적인 자동차, 뷰익(Buick)

뷰익은 미국 제너럴 모터스 계열의 자동차회사이다. 1902년, 스코틀랜드 출신의 자동차 제작자이자 발명가인 데이비드 뷰익이 설립하였다. 처음에는 가솔린 엔진을 만들다가 1902년 말에 처음으로 차를 생산하였다. 본사는 디트로이트에 있고 주로 고전적인 분위기의 고급 승용차를 생산하고 있다.

(江蘇省)과 저장 성을 누비며 기존의 오토바이 판매 경로를 통해 마케팅을 시작했다.

리수푸의 지리 SRV 자동차가 다른 자동차와 비교하여 특별한 점이라면 교통사고가 비교적 적게 난다는 점이었다. 아마도 지리자동차에서 자체로 엔진을 개발해내기 전까지 줄곧 도요타

● 일본 도요타자동차의 코롤라(Toyota Corolla)

도요타 코롤라는 일본 도요타가 생산하는 준중형급 세단 모델의 자동차이다. 1966년에 처음 출시한 이후 전 세계에서 큰 인기를 끌었다. 1997년에는 세계에서 가장 많이 판매된 차로 선정되었고, 2007년까지 전 세계에서 3천 5백만 대 이상의 코롤라가 판매되었다. 약 40년 동안 평균적으로 40초에 한 대 정도로 팔린 셈이라고 한다. 코롤라 자동차 모델은 몇 차례의 재설계 과정을 거치면서 코롤라 1세대부터 끊임없이 새로운 세대의 모델을 선보이고 있다. 우리나라에서는 2011년 서울 모터쇼에서 처음으로 공개되고 판매도 개시하였다.

도요타자동차의 코롤라 모델　　　　　　　▷출처: Wikimedia Commons

8A를 사용하였고 이런 유형의 중외합자 자동차는 안전성 면에서 비교적 인정을 받아왔기 때문이다.

지리 SRV가 출시되자 자동차의 가격 신화가 현실로 다가왔다. 중국 자동차 시장의 치열한 경쟁 속에서 리수푸는 '중국에서 가장 싼 자동차'를 제조하려는 계획을 세웠다. 이것은 그가 유일하게 효과를 낼 수 있는 실제적인 계획이었다.

지리 SRV는 톈진 샤리를 많이 모방하여 만들었는데 엔진까지도 샤리와 동일한 제품을 사용했다. 이런 점에서 저가 정책으로 시장에 진입한 지리 SRV가 샤리에게 가져다준 충격은 매우 컸다. 지리의 가격 전쟁에 맞서기 위해 샤리도 가격을 낮출 수밖에 없었다. 그러나 샤리가 가격을 낮출 때마다 지리도 따라서 가격을 낮췄다.

'고집쟁이'의 고집은 주변 사람들을 힘들게 할 수는 있지만 리수푸에게는 필연적인 성공을 가져다주었다. 다른 사람들은 '중국에서 가장 싼 자동차'라는 타이틀을 어떻게 받아들일지 모르지만, 리수푸 자신은 매우 만족스러워했다. 리수푸는 여러 차례의 가격 전쟁을 거쳐 이 타이틀을 손에 거머쥐었다.

리수푸의 저가 정책은 시장 진입 과정에서 매우 큰 위험 요소를 동반한다. 지리그룹은 저가 정책으로 운영 초기에 자금적인 제한을 많이 받게 되었다. 정책적 우대와 뱅크론(bank loan)이 없었기에 전부 자체 투자로 진행해야만 했다. 이렇게 되면 자동차 한 대의 원가가 대대적으로 높아질 수밖에 없다. 지리 SRV에 탑재된 엔진은 가격이 1.8만 위안에 달하는 도요타 8A였고 그 외에도 많은 값비싼 기타 부속품들이 필요했다. 비록 디자이너가 판금공이라고 하지만, 노동자들의 월급도 자동차 원가에 포함된다.

2005년 2월에 문을 연 도요타자동차 회사의 새로운 본사 건물
▷출처: Wikimedia Commons

    1998년, 4만 위안도 되지 않는 가격으로 수백 대에 이르는 자동차를 생산한 지리자동차는 거의 수익이 없었다. 리수푸 자신도 자동차 한 대의 수익이 겨우 몇백 위안에 불과하다고 실토했

제1편 자동차를 향한 꿈

다. 따라서 지리자동차는 한 줄기 희망을 미래에 의지할 수밖에 없었다.

저가 정책으로 인하여 지리그룹은 자금적인 부분에서 곤경에 처하게 되었다. 자동차를 팔아 벌어들인 돈으로는 소규모적인 기술 업데이트만 진행할 수 있었다. 게다가 현지 공급원의 대금을 장시간 갚지 못하여 기업 신용이 영향을 받아 창업 초기의 몇년 동안은 은행 대출조차 어려웠다. 리수푸는 자체 자금 순환의 방식으로 추후에 출시된 메이르(美日)자동차가 존재하기까지 많은 어려움을 겪었다.

비록 지리자동차는 초기에 크나큰 위기와 위험 요소를 안은 채 시작되었지만 리수푸의 과감한 행보로 자동차 업계에서 안정적인 자리를 확보하게 되었다.

1999년에 이르러 리수푸의 가격 전쟁은 드디어 성과를 올렸다. 톈진 샤리의 판매가 8만 위안과 비교하였을 때 5만 위안도 안 되는 지리 SRV의 가격은 일반 소비자들에게 있어서 아주 큰 장점을 갖고 있었다. 그해에만 지리 SRV의 판매량은 1,000여 대에 이르렀고 2000년에 와서는 10배로 급증하여 10,000대를 돌파했다.

리수푸는 가격적 우위를 이용하여 자동차 산업의 전통적인 구도를 타파하고 위험 고비를 넘겼으며 '중국에서 가장 싼 자동차'라는 지리자동차의 입지를 굳혔다. 이와 동시에 자동차라는 교통수단을 급히 필요로 하는 일반 소비자에게 현실적인 편의를 제공했다.

### 전 중국 시장을 향한 확장

판매액의 증가와 더불어 지리 SRV는 초기에 지리 오토바이가 장쑤 성과 저장 성 지역에서 구축한 판매 네트워크를 넘어 다른

지리 메이르 MR 6370 자동차(Geely Merrie MR 6370)    ▷출처: Wikimedia Commons

제1편 자동차를 향한 꿈

지역의 판매원들도 불러 모으기 시작했다. 지리는 저가 판매 전략으로 차츰 영향력을 넓혀 전 중국에서 탄탄한 판매 시스템을 구축할 수 있었다.

지리 SRV 판매의 첫걸음을 뗀 후, 리수푸는 타이저우 시를 벗어나 더욱 광활한 세상을 찾아 나섰다.

1999년, 닝보 베이룬(甯波北侖)에 마침 파산한 일본 기업이 있었다. 리수푸는 이 기회를 놓치지 않고 일본인으로부터 이 기업에서 방치해 둔 20헥타르, 60,500평의 땅을 구매하여 지리그룹

베이징에 있는 지리대학 ▷출처: Wikimedia Commons

닝보 생산기지를 세웠다. 이 생산기지에서 지리의 두 번째 자동차 모델인 메이르(Geely Merrie)가 세상에 고고성을 울렸다. 지리그룹은 지리 SRV의 저가 마케팅으로 손해를 입은 부분을 메이르의 생산으로 메우면서 수지평형을 이루었다.

2000년은 지리그룹에게 있어서 획기적인 해이자 큰 의미가 있는 한 해이다. 2000년에 지리의 두 번째 생산기지가 닝보에 건립되었고, 두 번째 자동차 모델도 순조롭게 생산되었다. 동시에 그해에 베이징 시(北京市) 인민정부와 지리 측은 베이징 시에 지리대학(吉利大學)을 설립할 것을 계약했다. 지리대학은 지리의 미래 발전을 위해 인재를 양성하는 중요한 기지가 되었다.

2001년, 리수푸는 톈진 자동차그룹의 기술부문에서 100여 명의 인재를 스카우트해 왔고 수많은 기술 노동자들도 영입하였다. 같은 해 지리는 닝보에 기술연구센터를 설립했다.

2001년 11월, 중국의 WTO 가입과 동시에 리수푸의 지리자동차도 마침내 새로운 신분으로 여러 자동차 기업들과 공식적으로 실력을 겨룰 수 있게 되었다.

그 후 지리는 은행에서 2,000만 위안을 대출하여 엔진 생산

지리 CK(Geely CK) 자동차 모델 ▷출처: Wikimedia Commons

설비 구축에 투입했다. 동시에 리수푸는 모든 공장 건물과 토지를 닝보 시의 한 수출입 무역회사에 담보로 잡히고 신용장을 작성함으로써 한국 대우그룹의 생산 설비를 수입해 왔다. 대우그룹에서 도입한 설비는 닝보 베이룬 생산기지에 설치되어 지리 CK를 생산하는 데 사용되었다. 그때로부터 지리 CK의 생산 공정은 드디어 판금공의 수작업을 통한 제조 역사를 종결짓고, 타이저우 시의 초라한 수공업 공장에서 전문적인 자동차 생산 작업장으로 새로 태어날 수 있었다.

새로운 자동차 모델의 출시와 더불어 리수푸에 대한 외부의 부정적 평가도 점차 변화하기 시작했다. 타이저우 시 정부에서는 지리그룹에게 루차오 기지(路橋基地)를 제공하기도 했다.

정부의 전폭적인 지원에 힘입어 리수푸의 자동차 생산은 마치 날개라도 돋친 듯 발전을 거듭했다. 4년이라는 시간을 들여 루차오 기지를 건설하였고, 그 후부터 지리그룹은 더욱 원활하게 자동차를 생산하기 시작했다.

지리그룹은 더욱 시장을 넓혀 전국에 기본적인 마케팅 경로를 마련했다. 또한 닝보 기지의 지리 CK, 린하이 기지의 슝마오(熊貓), 루차오 기지의 진강(金剛), 샹탄(湘潭) 기지의 웬징(遠景), 상하이 기지의 화푸(華普) 등 다양한 자동차 모델들을 속속 세상에 내놓았다.

제1편 자동차를 향한 꿈

# 3

# 기업 발전은
# 결코 '허황된 꿈'이 아니다

2006년, 중국 자동차 시장의 개방 및 발전과 더불어 리수푸는 지리의 브랜드를 공들여 발전시켜 8개 라인을 보유하고 30여 개에 달하는 차종을 생산하게 되었다. 단일화 상품, 가격 전쟁을 기초로 시장에 들어선 지리 SRV, 남다른 멋과 개성으로 고객들의 생활방식을 주도하는 지리 메이르와 지리 Mybo, 지리의 자주적인 연구 개발 능력을 과시하는 지리 CK와 지리 진강에 이르기까지, 이 모든 제품들은 리수푸의 굳은 신념과 의지가 가득했던 발걸음이었다.

리수푸는 지리의 자동차 모델을 저가 모델에서 중급, 고급 자

강렬한 색상의 자동차, 지리 Mybo　　　　　　　　▷출처: Wikimedia Commons

동차 모델로 변화시키면서 저가 시장에서 점차 고가 시장으로 진입하기 시작했다. 2006년까지 지리자동차의 수출량은 중국 현지 브랜드 중에서 2위를 차지했다. 지금의 지리는 더 이상 과거의 초라한 생산설비로 타사 제품을 모방해야만 했던 '난쟁이' 기업이 아니다. 리수푸는 충분히 성장하여 국경을 초월하였으며 지리의 자동차가 전 세계에서 질주하게 하는 더욱 원대한 꿈을

2012년 충칭 자동차 쇼에서 선보인 Gleagle CK　　　▷출처: Wikimedia Commons

품고 있다.

　2002년, 지리는 본사를 항저우(杭州)로 옮겼다.

　2002년 7월, 리수푸는 쥔마(駿馬), 레이바오(獵豹), 슝스(雄獅)라는 3가지 주제를 기획했다. 지리는 2005년의 지리 자동차 생산 및 판매량 30만 대, 2010년에는 100만 대, 그리고 2015년에 이르러서는 200만 대를 돌파한다는 계획을 세웠다. 즉, 2015년에 이르면 지리자동차는 이미 연간 생산량이 200만 대에 달하는 대형 글로벌 자동차 기업으로 발전하겠다는 원대한 계획을 세웠던 것이다.

상품 구조에 대한 조정은 리수푸가 미래 전략을 실현하는 데 있어서의 핵심이라고 평가할 수 있다. 2003년 말에 출시된 지리 Mybo는 지리의 상품 구조 조정의 화려한 막을 올렸다. 그 뒤를 이어 지리자동차는 2005년부터 연이어 1.3L, 1.5L, 1.6L 엔진을 탑재한 지리 CK를 선보였으며 지리 계열사인 상하이 화푸에서 생산한 배기량이 1.8L인 Haiyu 등과 같은 중급 차량 모델을 선보이기도 했다.

2005년 9월 13일, 프랑크푸르트 자동차 전시회에서 지리그룹이 선보인 다섯 종류의 새로운 차량 모델은 미래지향의 기본적인 상품 구조를 대표하고 있었다. 이러한 새로운 차량 모델들을 내세워 지리그룹은 저급 자동차만 취급한다는 사람들의 고정관념을 깨뜨리는 데 성공했다.

상품 구조 조정을 통한 저급 차량 모델로부터 중고급형 차량 모델로의 변화는 외부 사람들에게 리수푸의 '앞뒤를 가리지 않는 식의 적극적인 자신감'을 증명하는 또 하나의 실례가 되었다. 이러한 변화와 외부의 반응들은 리수푸가 200만 대의 판매목표를 실현하는 원동력이 되었다.

이 목표를 실현하기 위해 리수푸는 과감하게 전국에 대규모적인 판매 서비스 네트워크를 구축했다. 판매 서비스 네트워크 구축과 함께 그는 지리자동차 브랜드의 가치를 향상시키고 저급 모델만 생산한다는 사람들의 고정된 인식에서 벗어나기 위하여 노력하였다. 리수푸는 새로 개척한 시장에서는 SRV, Meiri와 같은 구형 저급 모델을 도태시키고 새로운 차량 모델 위주로 판매하여 지리자동차를 구매하는 고객들에게 고급 브랜드라는 이미지를 심어주었다.

리수푸는 2015년까지 판매량 200만 대를 돌파하려면 상품 구조뿐만 아니라 해외 시장의 개척에도 박차를 가해야 한다고 생각했다.

2005년 5월 30일, 말레이시아의 쿠알라룸푸르 국회청사에서 지리그룹 홀딩컴퍼니와 IGC그룹은 차량 완제품 프로젝트 및 CKD 프로젝트에 대한 계약을 체결했다.

2005년 6월 21일 홍콩에서 지리그룹 홀딩컴퍼니와 홍콩 생산력 추진국은 신형 차량 시스템의 개발 및 관련 부품 개발 프로젝트에 대한 협력 계약을 체결했다. 이것은 200만 대의 판매목표를 실현하는 데 있어서 더욱 튼튼한 기술적 토대를 마련한 것이라고 볼 수 있다.

2006년, 지리 그룹은 연속으로 간쑤 성(甘肅省) 란저우 시(蘭州市), 후난 성(湖南省) 샹탄 시(湘潭市)에 생산기지를 설립하고 연간

● 망가니즈브론즈(Manganese Bronze)

망가니즈브론즈는 영국 런던을 누비는 '블랙 캡'이라는 이름의 TX4 택시를 제조하는 업체이다. 1948년에 설립되었으며 영국에서 가장 규모가 큰 택시 제조업체로 한때 영국의 명물이자 상징적인 아이콘으로 유명세를 떨쳤다.

공항에서 손님을 기다리고 있는 런던 택시 TX4 ▷출처: Wikimedia Commons

생산량 10만 대를 목표로 설정하고 '통합 개발, 생산 및 판매'를
실현했다.

리수푸에게는 두 가지의 꿈이 있다. 그중 하나는 '국민들이 구
매할 수 있는 좋은 차를 만드는 것'이고 다른 하나는 '지리자동
차가 전 세계에서 질주하게 하는 것'이다. 그의 첫 번째 꿈은 중
국 자동차 시장에서 기본적인 성과를 거두었고 두 번째 꿈은 현
재 진행형이다.

2006년 10월 24일, 리수푸는 지리그룹 홀딩컴퍼니를 대표하여 홍콩에서 상장한 회사인 상하이 화푸와 영국의 망가니즈브론즈(Manganese Bronze)가 협력하여 명품 택시를 생산하기 위한 협력 계약을 체결했다. 비록 이 협력은 인수가 아닌 주식 투자 참여 형식이지만 지리그룹이 해외로 진출하는 중요한 한 걸음이 되었다.

같은 해 12월, 지리그룹은 첫 번째 해외 SKD 조립 프로젝트인 러시아 프로젝트를 진행했다. 이 프로젝트는 지리그룹의 해외 확장 전략의 문을 열었다.

2007년, 나이지리아에 진출한 지리 CK와 지리 진강도 시장

---

● 전통적인 스웨덴의 자동차 제조업체, 볼보(Volvo Aktiebolaget)

볼보는 1926년 아사르 가브리엘손과 구스타프 라르손이 세운 자동차 및 중장비 제조업체이다. 볼보(Volvo)는 '나는 구른다(I roll)'라는 뜻을 담고 있다. 1927년부터 사동차를 생산하기 시작했고 1928년에는 1.5톤 트럭을 집중적으로 생산하였다. 이후 볼보는 자동차와 트럭뿐 아니라 버스, 중장비 생산 등 다양한 분야로 진출하였다.

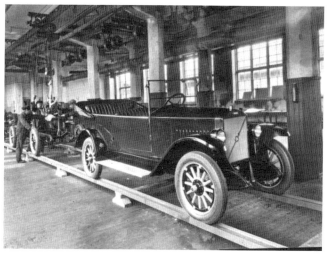

볼보자동차의 첫 모델 ÖV4　　　　　　　　　▷출처: Wikimedia Commons

반응이 비교적 좋아 1,000여 대가 순식간에 매진되었다. 2007년 말, 지리와 러시아 로리프 회사는 15억 달러에 달하는 자동차 수출 공급 계약서를 체결했다. 동시에 지리그룹은 러시아의 다른 자동차 회사인 인컴 회사와 자동차 조립 비즈니스 협력을 체결했다.

2008년 8월, 지리그룹은 2.7억 달러를 투자하여 멕시코에 자

볼보의 FMX-로고　　　　　　　　　　　　　▷출처: Wikimedia Commons

● 안전을 가장 중요하게 생각한 볼보자동차

볼보는 안전한 자동차를 만드는 것으로 유명하다. 이것은 스웨덴의
환경과 밀접한 관련이 있다. 스웨덴은 날씨가 추운 데다 도로포장률
이 낮았기 때문에 도로 사정이 좋지 않았다. 그래서 볼보자동차는 가
장 먼저 안전에 대하여 생각하고 자동차를 만들게 된 것이다. 또한 볼
보자동차는 스웨덴의 까다로운 환경 관련 규제로 인해 환경에도 중점
을 두었고, 이에 따라 볼보자동차의 기업 이념은 안전, 환경, 품질이
되었다.

제1편 자동차를 향한 꿈

동차 조립 공장을 설립하였다. 리수푸는 이 자동차 조립 공장을 중심으로 2.3억 달러를 더 투자하여 세계적인 공업단지를 구축할 것이라고 발표했다.

2010년, 지리그룹은 성공적으로 볼보(Volvo) 자동차를 인수합병하여 세계 무대에 등장했다. 이로써 리수푸의 국제화 행보는 급물살을 타기 시작했다. '지리자동차가 전 세계에서 질주하도록 하는' 리수푸의 꿈이 점차 현실로 다가왔다.

한결같이 겸손과 중용을 덕목으로 삼는 중국 기업인들 사이에서 리수푸의 행보는 대부분의 중국 기업인들과 매우 달랐다. 리수푸 특유의 거만함과 외고집은 사람들 사이에서 늘 비판과 조롱의 대상이 되었지만 그는 여전히 '누가 뭐라고 말해도 자기 방식대로 생각하고 행동하는' 태도를 고수하고 있다. 자동차 산업에 대한 리수푸의 뜨거운 열정과 끊임없이 도전하는 자세는 또 다른 측면에서 바라보고 평가해 볼 때 중국의 민족 자동차 산업 발전의 동력인 동시에 중국 독자 브랜드에 대한 구원이기도 하다.

지리그룹 직원들은 20여 년 동안의 노력과 분투로 '지리'라는

프랑크푸르트 모터쇼 전시장의 모습 ▷출처: Wikimedia Commons

● 프랑크푸르트 모터쇼(Frankfurt motor show, IAA; Internationale Automobil-Ausstellung)

프랑크푸르트 모터쇼는 독일의 프랑크푸르트에서 열리는 세계적인 규모의 자동차 전시회이다. 파리 모터쇼, 디트로이트 모터쇼, 도쿄 모터쇼, 제네바 모터쇼와 더불어 세계 5대 모터쇼로 손꼽힌다. 프랑크푸르트 모터쇼는 1897년 처음 개최되었다. 이로써 1898년에 열린 파리 모터쇼보다 1년 먼저 열리면서 세계 최초의 모터쇼의 영광을 차지하게 되었다. 독일자동차공업협회에 의하여 운영되며 2년에 한 번씩 열리고 있다.

제1편 자동차를 향한 꿈

프랑크푸르트 모터쇼 공식 사이트 화면 ▷출처: 프랑크푸르트 모터쇼 공식 사이트

이름에 수많은 새롭고 특별한 의미를 부여했다. 독일 프랑크푸르트에서 열린 모토쇼, 국제 자동차 전시회에서 '지리'라는 단어는 '중국'을 의미했고 드디어 '지리의 자동차'는 '중국의 자동차'를 대표하게 되었다. '지리'는 이미 자동차 브랜드를 초월하여 중국 민족의 자랑이 되었다. 이에 대해 리수푸는 감격해 마지않으며 다음과 같이 말했다.

"우리가 전 세계 사람들에게 보여준 것은 중국인 스스로의 지적재산권이고 진정한 의미에 있어서의 창조적인 자동차 산업입니다. 이런 점에 있어서 우리는 더없이 영광스럽고 자랑스럽게 생각합니다."

이러한 리수푸의 강하고 당당한 자부심은 기업인의 사회적

책임감에서 비롯되며 그의 고유한 생활관, 재부관 및 가치관에서 시작된다.

리수푸는 억대의 몸값을 자랑하지만 줄곧 검소한 생활을 추구해왔다. 어느 기자는 리수푸를 인터뷰하는 과정에서 그의 서민형 생활습관에 깊은 인상을 받았다고 한다. 그 기자는 인터뷰 기사에서 다음과 같이 밝혔다.

"나는 몸값이 수억 위안에 달하고 전 세계 각국을 드나드는 대기업의 내로라하는 그룹 회장이 이토록 검소한 분이라고는 전혀 상상하지 못했습니다. 저가 국내산 구두와 '지리' 로고가 박힌 작업복 차림에 직원들과 함께 구내식당에서 식사하는 리수푸의 모습은 억만 부자에 대한 우리의 고정관념을 완전히 뒤집어놓았습니다."

리수푸의 검소함은 심지어 '아주 작은 돈 몇 푼까지 꼼꼼히 따지는' 정도에 이른다고 한다. '지리 정신'이라는 글에는 "지리 내부에서 지출을 절감하는 태도와 검소한 행위는 모두 표창과 존중을 받아야 하며 무절제한 낭비 및 겉치레는 모두 범죄와 같다."라는 문구가 있다.

리수푸는 일상생활을 하거나 사업을 추진함에 있어서 사치를 절대적으로 반대하며 심지어는 구두쇠 같은 모습을 보이기도 한다. 그러나 지역의 교육사업과 빈곤가정의 학생들을 위한 자선사업에는 아끼지 않고 지원해주어 2006년에는 '중국 10대 자선가'라는 칭호를 얻기도 했다.

효율적인 관리가

진정한 경영이다

기업이 큰 발전을 이루려면 기업경영의 과학적인 관리 방식이 있어야 한다. 리수푸는 성공적인 창업자일 뿐만 아니라 탁월한 경영자이기도 하다. 지리그룹을 경영하고 관리하는 리수푸의 방식은 간단하다. 그의 방식은 매우 효율적인 관리 방식으로 많은 창업자와 기업 경영인들이 역할 모델로 삼을 만하다.

# 휴머니즘 관리와 군사적 집행

경영은 기업이 건전한 발전을 추구하는 데 중요한 동력으로서 기업 관리의 여러 가지 요소 중에서도 가장 핵심적인 위치에 있다. 기업의 대표는 뛰어난 경영인인 동시에 탁월한 리더가 되어야 한다. 이런 면에 있어서 리수푸는 휴머니즘 관리와 군사적 효율성을 고집하여 지리만의 관리시스템을 만들었다.

휴머니즘이란 기업 내부에서 책임, 권리, 이익의 통일을 실현하도록 하는 것이다. 한편으로 직원의 이익은 기여도와 연결되어야 한다. 다른 한편으로는 직원이 잘못을 저질렀을 경우 처벌을 받아야 하는데 처벌에서도 휴머니즘이 표현되어야 한다. 요컨대 리수푸는 휴머니즘으로 기업 내부에 가족 같은 분위기를 만들어 모두가 힘을 합칠 수 있도록 하는 동시에 군사식 관리로 직원들의 불굴의 정신을 수립하고 팀 전체의 추진력을 향상시키는 데 유리하게 하였다.

지리 역사에는 이런 일화가 있다. 1998년, 지리에서 100여 대의 차량이 생산되었고 리수푸는 이 차량들을 가지고 상품 판매 전시회에 참가했다. 그러나 전시회에서 품질상의 문제가 나타나자 판매원들이 눈살을 찌푸렸다. 화가 난 리수푸는 로드 롤러로 이 차량들을 전부 뭉개버렸다.

지리인들은 줄곧 이 일화를 기억하고 있다. 양젠(楊健) 부사장도 이 일화를 떠올릴 때마다 소름이 돋는다고 한다. 그는 지리의 최고 자리에 있는 리수푸가 품질 문제가 있는 모든 차량을 뭉개버린 행위에 경악하는 동시에 지리의 미래 발전을 위하여 품질의 중요성을 인식하게 되었다. 우수한 관리는 궁극적으로 상품의 품질로 재현된다. 상품 품질을 향상시키는 과정에서 지리는 산고를 겪었다. 리수푸는 지리가 상품 품질 면에서 더욱 발전하려면 품질 관리에서 국제화를 실현해야 한다고 생각했다.

글로벌 기업과 통합하기 위해 지리그룹은 내부 실력을 키우면서 기업의 핵심 역량을 제고하였으며 전략적 변형을 차근차근 진행해왔다. 경영 관리 면에서 리수푸는 지리그룹이 연구와 개발, 구매, 제조, 판매, 서비스라는 상대적으로 독립적인 5가지의 기업 구조로부터 '세 가지 라인을 협력시키고 고객을 중심으로 하는' 새로운 구조로 변화시킬 것을 제안했다. 또한 경영 방식은 전통적인 정보 전달 방식으로부터 정보화, 데이터화 전달 방식으로 전환했다.

'세 가지 라인의 협력'이란 마케팅 라인, 연구 개발 라인, 공급 라인의 통합적인 구축으로 완벽한 도킹을 실현함으로써 협동 발전을 도모하는 것이다. 기존의 구매, 제조 및 물류를 모두 같은 공급 라인에 포함시키고 기존의 판매, 서비스 및 판매원들을 마케팅 라인에 귀속시켜 기존의 연구 개발 라인까지 더해 팀 전체가 조화롭게 움직일 수 있도록 하였다.

'고객을 중심으로'라는 프로젝트도 진행하였는데 이 프로젝트에서는 구매부서는 제조부서를 고객으로, 제조부서는 판매부서를 고객으로, 판매부서는 판매원, 즉 딜러를 고객으로, 판매원은 소비자를 고객으로 대하는 것이다. 이와 함께 리더는 직원을, 그룹 본부는 계열사를, 그룹 전체는 시장을 고객으로 모시는 운동을 사내에서 대대적으로 시작했다.

리수푸는 민감한 사업적인 안목을 가진 선구자로서 기업의 정보화 관리 면에서도 일가견이 있다. 리수푸의 고집은 이미 몸속 깊이 파고들어 기업 관리 면에 독특한 개성과 과감한 결단력을 보여주고 있다. '관리 데이터화, 데이터 자동화'라는 목표는 리수푸가 오래전에 이미 제기한 것이다. 국가정보화평가센터의 자료에 따르면 2009년까지 지리그룹은 중국정보화기업 500개 기업 중에서 선두를 차지하였다.

지리그룹은 전면적으로 정보화를 실현하고 ERP 시스템을 운용하여 생산품을 중심으로 각종 데이터를 관리한다. 이러한 관리를 통하여 공법, 디자인, 생산, 판매, 애프터서비스 등 여러 단계의 생산과정에서 '낮은 원가, 품질 보증, 이익 창출'의 목표를 실현하도록 한다. 이와 동시에 구매, 생산과 판매 과정에서 '세 가지 과정의 연결'이라는 기초 아래 고객은 ERP 시스템을 통해 주문서를 낼 수 있게 되는데 이렇게 하면 구매, 생산과 연구가 효과적으로 연결되어 지리그룹은 생산, 판매, 연구의 일체화를 실현할 수 있게 된다.

2008년까지 지리그룹에서는 이미 전면적으로 생산전략, 마케팅전략, 브랜드전략, 품질전략, 정보화전략 및 인재전략을 세워 '기술시스템, 판매시스템과 마케팅시스템' 등 3대 시스템의 통합을 완성하였다.

리수푸는 훌륭한 고객 관계를 형성하고 고객들에게 최상의 서비스를 제공해야 하며 상품 판매는 애프터서비스부터 시작된다는 고객 서비스 이념을 수립함으로써 고객에게 좋은 이미지를 남기는 것이 기업 발전의 근본이라는 점을 강조했다.

고집쟁이 리수푸는 고객 서비스 면에서도 자신만의 독특한 해결책이 있었다. 그는 지리그룹 서비스 영역에 '123' 서비스 방식을 도입하여 전체 서비스 네트워크의 수준과 능력을 향상시킴으로써 수많은 자동차 고객들에게 편리하고 신속한 서비스를 제공할 수 있도록 한다.

'123' 서비스 방식이란 하나의 중심, 두 개의 기본점, 세 가지 조치를 가리킨다. 하나의 중심은 모든 서비스 절차가 반드시 '고객의 만족도를 높이는 것'으로부터 시작되며 고객을 유일한 중심으로 하여 진행되어야 한다는 것이다. 두 개의 기본점이란 자동차 서비스 센터에서의 '5S' 현장 관리와 프로세스 관리를 말한다. 세 가지 조치에는 우수 서비스 직원에 대한 장려, 고객 만족도 조사 및 콜센터가 포함된다.

지리자동차서비스회사에서는 지리의 서비스 품질을 향상시키는 것을 지리그룹의 신속한 발전을 위한 내적 수요로 간주했다. 리수푸는 지리그룹 고객들이 더욱 우수한 서비스를 향유할 수 있도록 2006년부터 기업 내에 서비스 네트워크를 재구축하고 400여 개의 직통 전화를 개설했다. 이런 실천들은 모두 지리자동차에서 '123' 서비스 방식을 형성하는 데 현실적 토대를 마련해주었다.

두 개의 기본점은 초점을 서비스 센터에서의 '5S' 현장 관리와 성과 관리에 두고 공장의 통일화된 높은 표준으로 전체 서비스의 규범화를 완성하는 것이었다. '5S'란 일본어로 정리(SEIRI), 정돈(SEITON), 청소(SEISO), 청결(SEIKETSU)과 수양(SHITSUKE) 등 5개 단어를 의미한다. 정리, 정돈, 청소, 청결과 수양에 대한 관리를 전개하는 것을 '5S' 관리라고 부른다.

'5S' 관리의 관건은 명확하게 실행 가능한 사업 목표를 정하고 직원들로 하여금 문제를 식별하고 그 문제를 해결하는 방안을 찾아낼 수 있도록 훈련시키며 모든 직원들이 함께 참여하도록 격려하는 데 있다.

지리의 '5S' 현장 관리에는 9가지 측면에서의 주요 지침과 61개의 세부적인 지침이 포함되고 동시에 서비스센터 입구 및 주변, 서비스 접대실, 고객 휴게실, 직원들의 수양 등의 내용과 연관된다. 지리의 '5S' 현장 관리의 최종 목적은 고객들에게 청결하고 편안하며 기분 좋은 서비스 환경을 만들어 주는 것이다. 서비스 과정은 10가지 절차와 47개의 중심점으로 구성되며 구체적으로는 예약 서비스, 에러진단, 고객 대응, 수리 등의 내용이 포함된다. 이런 과정과 내용을 통해 고객들은 지리자동차의 모든 서비스 네트워크에서 효율적이고 규범적인 서비스를 받을 수 있게 된다. '5S' 현장 관리와 성과 관리가 실행되려면 고객 만족도를 높여야 하는데, 우수 서비스 직원에 대한 장려, 고객 만족도 조사 및 콜센터 이 세 가지를 빼놓고 말할 수 없다.

조사에 따르면 '5S' 현장 관리와 성과 관리 등이 복합적으로 실시된 결과, 2006년 지리자동차의 고객 만족도는 대폭 상승하여 자동차 업계에서 1위를 차지했다. 뿐만 아니라 지리자동차의 판매량도 급속도로 증가하여 연간 판매량이 20.4만 대를 기록하여 36퍼센트의 성장률을 기록하였다.

리수푸는 최고의 관리란 가장 간단하고 효율적인 방법으로 발전과 유지 보수를 통일시키는 것이라고 생각했다. 그는 뛰어난 개척자일 뿐만 아니라 정확한 시장 안목을 지닌 정책 결정자이며 동시에 매력적인 성격을 지닌 관리자이기도 하다. 한편으로 휴머니즘 관리로 직원들의 적극성을 불러일으켜 직원들이 단순히 고용되어 일하는 것이 아니라 자신이 주인공이라는 생각과 열정으로 일에 매진할 수 있게 하였고, 다른 한편으로는 엄격한 규칙을 정해 기업이 정상적으로 운영될 수 있도록 보장했다.

# 5

# 지리 브랜드 관리

창업 초기 지리자동차는 저가 우위를 빌어 시장에 진입하였지만 가격대 성능비 우위의 끊임없는 변화로 인해 저가 우위는 더 이상 생존을 위한 비장의 카드가 될 수 없었다.

전략적 전환을 실행하기 전까지 리수푸는 저가 우위를 유지하기 위해 부품 가격을 낮추어 납품업체들의 이익을 최저로 만들었다. 그렇게 되자 제품의 품질이 보장되지 못하였고 품질이 떨어지면서 서비스도 갈수록 내리막길을 걸었다.

2005년, 리수푸는 매우 심각한 문제를 발견하게 되었는데, 그것은 바로 지리자동차에는 더 이상 이윤을 낼 수 있는 공간이 없다는 것이었다. 자동차 부품, 철강 등의 가격은 점점 오르고 있었지만 자동차 가격은 오르지 않아 저가 자동차의 이윤은 점점 적어지게 되었다. 이때 지리자동차는 이미 '저가-저 품질'의 악순환에 빠져들고 있었다. 만약 제때에 이 위기에서 벗어나지 못한다면 지리 브랜드는 치명적인 손실을 입고 기업은 파산을 면치 못하게 될 상황이었다.

이에 따라 전략적 전환을 피할 수 없게 된 리수푸는 다음과 같이 주장하였다.

"이제 우리는 기술 전략, 서비스 전략, 브랜드 전략으로 승부하여야 합니다!"

그러나 리수푸가 전략적 전환을 제기하여 저가 경쟁을 끝내고 브랜드 관리를 실행해야 한다고 하였을 때 지리 내부에서는 대부분 반대 의사를 표명했다.

자신의 결의를 드러내 보이기 위하여 리수푸는 친필로 〈닝보 선언〉을 발표하고 심지어는 기존의 공장을 철거하고 설비, 금형 등을 모두 처분하여 지리의 퇴로를 차단해 버렸다. 그리고 스웨덴의 로봇, 일본의 금형 및 한국의 용접 라인 등 현대화 장비를 도입했다.

브랜드 전쟁을 시작한 후 지리는 판매가를 20~30퍼센트를 인상하였는데 이에 따라 매출이 대폭으로 하강하는 국면을 맞이하게 되었다. 이와 같은 위기를 극복하기 위하여 리수푸는 지리의 제품 라인과 브랜드 라인을 분석하고 여러 가지 다양한 브랜드 전략을 세웠다. 2008년 지리가 기획한 3대 보조 브랜드-취안츄잉(全球鷹), 잉룬(英倫), 디하오(帝豪)가 상하이 자동차 전시회 무대에서 전시되었고 판다가 출시되었다. 이것은 지리의 '다중 브랜드 전략'의 시작을 알렸다.

10여 년의 노력을 거쳐 지리는 이미 자동차 엔진, 브레이크,

지리자동차 LC                                    ▷출처: Wikimedia Commons

조향장치, 기어 박스, 전자기기 제어 및 차체 디자인, 차축 등 여러 가지 분야에서 기술적 돌파를 가져왔다. 또한 자동 기어 박스, CVVT 엔진 및 EPS 등에서도 일련의 알찬 성과를 이루었다. 따라서 지리는 '가장 안전하고 에너지 절약하는 친환경적인 자동차'를 제조하는 데 새로운 길을 찾았다.

포뮬러 지리 엔진 ▷출처: Wikimedia Commons

제2편 효율적인 관리가 진정한 경영이다

2007년 8월 18일, 지리는 세계 최초 스마트 자동차 안전 운전 기술 제품인 타이어 펑크 검측 및 제동 시스템을 도입했다. 이 시스템의 도입으로 자동차의 타이어 펑크로 인한 교통사고를 효과적으로 막을 수 있게 되면서 지리자동차의 안전 운행을 확보했다.

2008년 1월, 북미국제 자동차 전시회에서 지리자동차는 그동안의 중요한 기술 성과를 발표하고, 세계 141개 나라에서 자동차 타이어 펑크 검측 및 제동 시스템의 특허를 출원하는 성공을 이루었다.

통계 자료에 따르면, 2008년부터 2010년까지 중국의 자체 브랜드 자동차 모델이 C-NCAP 충돌 테스트에 참가한 차량 대수는 총 39대이며 5개의 모델이 5성급으로 선정되었다. 그중 지리의 2개 모델이 포함되었다.

2011년 7월, C-NCAP에서 발표한 2010년 제4차 자동차 모델 C-NCAP 평가에서 지리자동차의 디하오 EC7는 46.8의 높은 성적으로 5성급 안전 인증을 받았다.

이러한 뛰어난 성적은 지리자동차의 휘황찬란한 성과를 널리 알렸으며 '서민들이 살 수 있는 좋은 차, 가장 안전하고 에너지를 절약하는 친환경 자동차를 제조'하겠다는 리수푸의 염원을 현실로 만들었다.

제2편 효율적인 관리가 진정한 경영이다

# 6

# 지리의 인재 관리 철학

기업이 기술과 관리에 정통한 인재를 어떻게 활용하느냐에 따라 기업의 운명이 결정된다.

최근 몇 년 동안 중국의 민영기업은 끊임없이 발전하고 강대해졌지만 실제 경영 과정 중에서 끊임없이 슬럼프, 관리, 시장 등 여러 측면에서 난제에 부딪히면서 기업 대표의 성공 비법과 개인적인 매력으로는 더 이상 문제를 해결할 수 없게 되었다. 이에 리수푸는 적합한 기술 인재, 경영 관리 인재를 초빙하여 기업의 어려운 문제를 해결해 나갔다.

지리의 인재는 두 가지 경로를 통하여 채용되는데, 두 가지 경로는 기업 내부에서 양성하거나 외부에서 고급 관리 인재를 스카우트해 오는 것이다. 외부에서 인재를 영입하면 다른 우수한 기업의 관리 방식을 자사의 기업 관리에 응용하여 체계적인 관리를 추진할 수 있다.

자동차 업계에서 고집스러운 관리자로서 정평이 나 있는 리수푸는 인재를 대함에 있어서도 고집스러운 성향을 보여준다. 그는 대량의 인재들을 지리에 초빙하여 자주 혁신의 조건을 창조했다. 동시에 리수푸는 지리에 들어온 인재들에게 확실한 믿음을 보여주어 그들이 마음껏 자신의 능력을 발휘할 수 있는 기반을 마련해주었다.

### 삼고초려

리수푸는 지리를 확장하고 발전시키기 위하여 기술력을 개선하고 기술에 정통한 인재들을 수소문하여 그들이 지리에 합류할 수 있도록 최선을 다했다. 이때 중국에서 가장 추앙받는 귀국파 자동차 기술 전문가로 유명한 자오푸취안(趙福全)이 리수푸의 눈에 들어오게 되었다.

자오푸취안은 해외에서 풍부하고 다양한 경험을 쌓은 자동차

전문가이자 기계 전문가이다. 1997년 4월, 그는 미국 다임러-
크라이슬러 자동차 회사에 기술자로 입사하여 자동차 개발업에
종사하게 되었다. 자오푸취안은 입사한 지 일 년 만에 전문 기술
자로 발탁되어 엔진 연구 개발에 참여했으며 2003년에는 다임

● 다임러 AG(Daimler AG)

독일의 자동차 제조 그룹이다. 1926년 다임러와 벤츠가 합병하여 다
임러-벤츠가 설립되었고, 1998년 다임러-벤츠와 미국의 크라이슬러
가 합병하여 다임러-크라이슬러가 설립되었다. 2007년에는 다임러-
벤츠와 크라이슬러로 분리되었고 다임러 AG로 회사 이름을 변경하
였다. 1970년대에는 미국, 남아메리카, 아프리카 등에 해외 법인을 세
우고 활발하게 활동하였고 2003년에는 메르세데스 벤츠 코리아를 세
우고 한국 시장을 공략하였다. 주요 사업은 자동차, 디젤엔진, 헬리콥
터, 비행기, 우주장비 제조와 판매 등이며 본사는 독일의 바덴뷔르템
베르크 주 슈투트가르트에 위치해 있다.

# DAIMLER

건물 꼭대기에 보이는 로고가 인상적인 다임러 사옥 　▷출처: Wikimedia Commons

러-크라이슬러 자동차 회사의 연구팀 총감독으로 승진했다. 다임러-크라이슬러 자동차 회사에서 7년 넘게 근무한 그는 2004년에 귀국하여 선양화천진베이(沈陽華晨金杯)자동차유한회사에 취직했다.

리수푸가 자오푸취안을 설득하여 지리자동차로 데려온 것은 매우 우연한 기회로 이루어졌다. 2006년 4월, 홍콩 공항에서 우

제2편 효율적인 관리가 진정한 경영이다

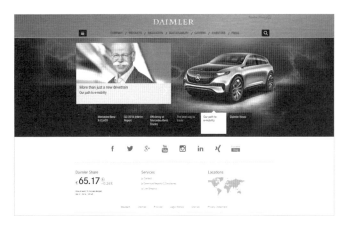

다임러 홈페이지 화면 ▷출처: 다임러 홈페이지

연한 만남을 갖게 된 리수푸와 자오푸취안은 한담을 나누기 시
작했다. 리수푸의 원래 의도는 자오푸취안을 설득하여 지리자
동차에 들어오게 하는 것이었다. 그러나 함께 이야기를 나누다
보니 리수푸는 자오푸취안에게 지리자동차의 원대한 목표와 계
획, 즉 유럽 시장을 개척하고 해외로 확장하려는 계획까지 거침
없이 말하게 되었다.

 그 만남을 통해 자오푸취안은 리수푸가 자동차에 대한 애착
이 남다른 것을 알게 되었고 리수푸의 꾸밈없는 성격에 감동하

였다. 리수푸의 간곡한 요청은 자오푸취안의 마음을 흔들어 놓았다. 자동차를 해외에 수출하고 해외공업단지를 설립한다는 이 참신한 도전이 바로 자오푸취안이 지리에 가담하게 된 주요한 원인이다.

2006년 11월 16일, 베이징 모터쇼에서 성대하게 꾸며진 지리그룹 전시관이 선보였다. 이날 지리는 언론 브리핑을 통해 자오푸취안이 지리그룹에 정식으로 입사한다는 소식을 발표하고 그를 지리그룹의 부사장으로 임명했다. 이 일은 자동차 업계를 깜짝 놀라게 했다.

● 중요한 모터쇼로 인정받게 된 베이징 모터쇼(Beijing motor show)
베이징 모터쇼는 해마다 중국의 베이징에서 열리는 중국 최대의 자동차 산업 전시회이다. 북경 모터쇼라고도 하며 1990년에 처음 열렸다. 비록 다른 모터쇼에 비하여 역사는 짧지만, 세계 최대 자동차 시장으로 급부상한 중국 시장을 기반으로 중요한 모터쇼로 인정받게 되었다. 베이징 모터쇼가 열리면 세계적인 자동차들과 자동차 기업의 대표들이 중국으로 몰려들어 성황을 이룬다.

제2편 효율적인 관리가 진정한 경영이다

자오푸취안의 입사 후, 지리는 기술 인재 육성이나 제품의 연구 개발, 기술 개발 및 기술 시스템 개선에서 큰 영향력을 과시

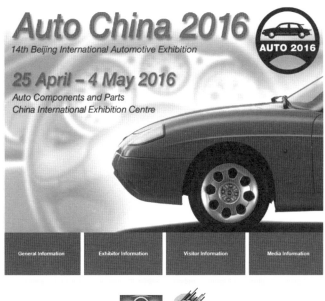

2016 베이징 모터쇼 공식 홈페이지 화면 ▷출처: 2016 베이징 모터쇼 공식 홈페이지

자오푸취안이 기술자로 일했던 다임러-크라이슬러의 자동차들

▷출처: Wikimedia Commons

제2편 효율적인 관리가 진정한 경영이다

할 수 있게 되었다. 자오푸취안은 지리자동차의 구미 자동차 시장 진출에도 중요한 역할을 했다.

리수푸는 오래전부터 서구 자동차 시장에 진출할 계획을 마음속 깊이 품고 있었다. 그러나 서구 자동차 시장의 까다로운 법규가 저가 시장에 위치한 지리에게는 넘을 수 없는 장벽으로 다가왔다. 이러한 상황에서 외국 자동차 기업의 기술 유형과 연구 개발 과정에 익숙한 자오푸취안의 지리자동차 합류는 리수푸의 꿈을 이루어 주었다.

2006년 10월, 자오푸취안은 리수푸와 함께 영국에 가서 망가니즈브론즈(Manganese Bronze)의 지분 인수 프로젝트에 참여했다. 이번 회담에서 자오푸취안은 많은 사람들의 기대를 저버리지 않고 지리의 출자 계획을 실현시켰다.

2009년, 지리자동차는 성공적으로 호주의 DSI 자동 기어 박스 공장을 인수하였으며 자오푸취안은 최초로 팀을 거느리고 호주 땅을 밟은 역사적인 지리 임원이 되었다. 자오푸취안은 공장을 인수하는 모든 과정에 참여하여 인수 계획을 성공시키는 데 중요한 역할을 했다.

싱가포르 거리에서 만날 수 있는 지리자동차 MK　　▷출처: Wikimedia Commons

　　리수푸가 마음을 다해 자오푸취안을 설득하여 지리로 영입한 이야기에서 우리는 인재에 대한 그의 집념을 엿볼 수 있다. 리수푸는 자신이 확신한 일에 대해서는 끝까지 최선을 다하여 이루려고 노력한다.

　　인재를 초빙할 때에도 여지없이 드러난 그의 고집스러운 면은 그가 꿈을 이루는 데 큰 도움이 되었다. 그리고 자오푸취안의 생각과 리수푸의 계획의 시기가 잘 맞은 점도 있었다. 미국 공정원에서 '미국 내 가장 출중한 기술자'로 당선된 경력이 있는 해외 유학파인 자오푸취안은 민족 기업을 진흥시키고 자주 브랜드를 발전시키기 위하여 귀국을 선택하였고, 그의 염원이 리수푸의 계획과 맞아떨어졌던 것이다.


## 직원에 대한 절대적인 믿음

리수푸가 삼고초려하여 자오푸취안을 지리에 영입하는 과정에서 인재를 중시하는 마음과 인재에 대한 갈증을 호소하는 관리자의 지혜를 엿볼 수 있다. 지리그룹의 다른 주요인물인 인다칭(尹大慶) 재무총감도 리수푸가 간곡하게 권유하여 지리그룹에 들어온 사람이다. 리수푸는 자신이 스카우트해 온 인다칭을 절대적으로 신임했다.

인다칭이 지리그룹에 합류하기 전의 이력은 다음과 같다. 인다칭은 1990년 1월~1993년 12월, 두방(杜邦, 중산)방직유한회사에서 재무 총감독을 맡아 일하였고 1994년 1월~1996년 12월, 웨이스(威士, 중산)유한회사에서 재무 매니저를 담당하였다. 그 뒤 곧바로 1997년 1월~1998년 6월에는 상하이두방농화유한회사에서 재무 총감독을 담당하였으며 1998년 7월~2002년 11월에는 화천진베이자동차회사에서 부총재 겸 재무 총감독으로 근무하였다.

인다칭이 지리에 합류한 후 리수푸는 기존의 가족 구성원들을 전부 사퇴시켰다. 인다칭은 지리 사내에 선진적인 관리 시스템을 도입했다. 예를 들면 일정 금액 이상의 예산에 대해서는 우선적으로 재무부의 심사가 필요하며 재무부장의 사인을 받아야 효력이 발생될 수 있었다. 또한 최종적으로 승인되어 예산을 집행하기 위해서는 그룹 내의 최고 결정권자인 회장의 서명이 필요했다. 재무부장은 예산을 이사회에 직접 보고하고 기업총수, 이사회 재무부장 간의 삼자 분립 구도를 만들어 그동안 지리그룹 내의 불안정한 재무 시스템을 바로잡았다.

가족식 관리 방식에서 탈피하여 현대화된 관리 시스템을 구축하는 것은 많은 중국의 민영기업에서 실현하기 어려운 점이었지만 지리그룹은 인다칭의 입사로 그 꿈을 실현했다. 2004년 5월, 인다칭의 지리 입사 초기, 지리그룹은 '준마 계획'과 '라이언 계획'을 세우고 5년 사이에 100만 대의 자동차를 판매할 계획을 수립했다.

인다칭은 곧바로 지리의 지나치게 무리하고 방대한 계획에 대해 문제를 제기했다. 그는 이미 정부의 거시적인 조정에 대해 직감하고 있었고 경제의 큰 틀 속에서 이것은 어불성설이라고 생각했다. 인다칭이 물었다.

"이 계획이 타당성 있다는 보고가 있었습니까? 기술력은 어떻게 확보하고 자금은 어떻게 마련할 것이며 인재는 또 어디에서 구할 계획입니까?"

그러자 사내 임원들이 인정사정없이 반박했다.

"당신은 입사한 지 얼마 안 됐기 때문에 이곳 상황을 잘 모릅니다. 다시는 이런 문제 제기를 하지 마세요."

리수푸 역시 처음에는 인다칭의 의견을 탐탁지 않게 생각했지만 보름이 지났을 무렵, 이 계획이 지닌 문제점을 인식하고 인다칭에게 말했다.

"우리는 거시적인 정책 방향을 좀 더 자세하게 점검해 보았어야 했습니다. 새로운 프로젝트 계획을 잠시 중단하겠습니다. 당신의 의견이 정확했습니다. '준마 계획'과 '라이언 계획'은 수정이 필요합니다."

이 사건에서 우리는 리수푸가 고집스럽지만 한편으로는 이성적인 사람임을 알 수 있다.

인다칭은 외부에서 리수푸에게 지어준 '자동차 미치광이'라는 별명에 대하여 그다지 인정하지 않는다며 이렇게 말했다.

"사실상 리수푸는 열정이 넘치면서도 매우 이성적인 사람입니다. 간혹 그에게 찬물을 끼얹어야 할 때가 있지만 그는 지극히 민주적인 사람이며 반대 의견을 용납하지 못하는 사람이 아닙니다. 다만 그에게 질문을 하는 사람이 적을 뿐이지요. 그래서 그룹 미팅에서 저는 주로 반대 의견을 제기하는 사람이 되려고 합니다."

인다칭은 지리에 입사한 뒤 지리의 전략 목표와 경영 면에서 유력한 재무 지원을 제공하였으며 지리가 글로벌 관리 시스템을 도입하는 데 튼튼한 기반 역할을 했다. 그는 독창적으로 '자금 라인, 금융 라인, 현금 풀'이라는 이론을 수립하여 이를 그룹 자산 관리에 성공적으로 적용하여 융자 경로를 확장하고 원가를 절감시켜 주었다.

또한 인다칭은 지리그룹의 업무 구조에 따라 제품 라인의 이윤, 관리 방식과 실적을 기반으로 효과적인 심사 기준을 세우고 제도를 마련하였다. 이 제도로 인하여 생산 효율이 크게 향상되었으며 지리의 경제 이익도 상승세를 맞이했다. 이와 동시에 내부의 신용도를 중요시했던 인다칭은 산업 고리의 원가 효익과 현금 흐름에 대해 종합적으로 고려하여 유통 업체와 공급 업체가 적극적으로 나서게 함으로써 지리의 제품과 부품의 품질 향상을 꾀하였다.

지리 입사 12개월 후, 인다칭은 상장 기획에 참여하여 지리를 성공적으로 홍콩 주식시장에 상장시켰다. 2006년 7월, 인다칭은 지리를 대표하여 영국에 가서 망가니즈브론즈(Manganese Bronze)의 지분 인수 관련 협상을 진행하여 최종적으로 지리가 52퍼센트의 지분을 확보하는 데 성공했다. 또한 런던 택시 생산 기술과 관리 방식을 도입하여 런던식 블랙 택시 생산 설비를 구축했다. 2007년, 인다칭의 노력으로 지리의 자산은 50억 위안에서 128억 위안으로 급성장했다.

인다칭의 또 다른 걸작은 2009년 6월 15일, 지리가 DSI 변속기 회사에 대한 인수 작업을 완성한 것이다. 인다칭의 기획 아래 이 인수 건은 신속하게 마무리되었고 지리의 생산 설비는 한층

베이징 지리대학 홈페이지 화면　　　　　　　　　　　　▷출처: Wikimedia Commons

풍부해졌다. 또한 기존의 자주적인 지적 재산권을 소유한 자동 변속기 연구 개발 및 생산 능력이 개선되어 지리는 더욱 발전할 수 있었다.

　경영에 있어서 직원에 대한 믿음은 매우 중요하다. 인다칭에 대한 리수푸의 절대적인 믿음이 있었기에 인다칭 역시 지리에서 최대한의 능력을 발휘할 수 있었다.

### 기업은 대학교와 같다

한 기업의 사장에게 "기업을 경영하는 데 있어서 가장 큰 도전이 무엇입니까?" 하고 물어보면 가장 많이 들을 수 있는 답변이 바로 '인재'일 것이다. 인재와 기술 밀집형인 자동차산업에서는 인재가 더욱 중요하다.

리수푸는 일찍이 교육과 관련된 전문적인 팀을 조직하여 미국 하버드대학, 매사추세츠 공과대학, 스탠퍼드대학 등 세계 일

● 베이징 지리대학(Beijing Geely University, 北京吉利大學)

중국 베이징에 위치해 있는 사립 종합대학으로 2000년 중국 자동차업체인 지리그룹에 의해 세워졌다. 지리대학이 자리 잡은 곳은 베이징의 서북쪽 지역으로 중국의 실리콘밸리로 불리는 곳이다. 이곳에는 중국 과학기술원에 속한 약 200개의 연구소와 약 2만 개의 기업이 모여 있다. 지리대학은 자동차기술대학, 정보공학대학, 구미국제대학, 생명과학대학 등 15개의 단과대학으로 구성되어 있다.

류 대학교에 가서 선진적인 교육과 기술 등을 눈으로 직접 보고 배워 오게 하였다. 또한 전 세계의 유명한 100개 기업에 대하여 조사하게 하였는데 이 조사를 통해 그 기업들은 모두 자사의 학원, 훈련기지 및 기술학교가 있다는 것을 발견했다. 그 당시 지리그룹에는 고급 기술 인재가 있었지만, 인재에 대한 지속적인 교육은 아직 미비한 상태였다.

1998년 8월, 리수푸는 저장에서 저장경제관리전문학원을 설립하였는데, 이곳은 그가 설립한 최초의 사립 고등학교이다. 그후 지리는 여러 개의 자동차학과 및 관련 대학에 지원을 아끼지 않았다. 지리가 설립했거나 지원하고 있는 교육기관에는 전일제 교육대학인 베이징 지리대학, 하이난대학, 싼야학원 및 자동차 공정 전문 인재를 양성하는 저장자동차공정학원 등이 포함되어 있다.

1998년부터 2007년까지 10년 사이에 리수푸는 자동차를 만드는 동시에 지리그룹을 위해 중국 내에서 가장 완벽한 사립 교육 시스템을 구축했다. 지리 산하에는 총 8개의 대학교가 있으며 중등 직업학교, 중등 전문학교, 전문대학, 본과대학, 석사, 박사 과정 등을 총망라하여 3,500여 명의 교직원과 57,000여 명의 재학생들이 있다. 이렇듯 교육을 중요하게 여기는 리수푸는 중국 사립교육협회 부회장이라는 직함을 가지고 있다. 그는 이 직함을 가장 자랑스럽게 생각한다고 한다.

리수푸는 외부에 지리가 교육에 투자한 비용만 10억 위안을 초과한다고 말하곤 한다. 그는 기업의 초창기에는 자원 부족으로 주로 외부에서 인재를 영입할 수밖에 없지만, 발전 단계에 도달하면 주로 인재 내부 육성 및 외부 영입을 상호 결합해야 하며, 기업이 일정한 수준으로 강대해지면 인재는 내부 육성을 위주로 해야 하는 동시에 사회를 위하여 대량의 인재를 육성하고 공급해야 한다고 주장했다.

2009년 기준으로 지리의 직원 수는 13,000여 명으로 그중 자동차 라인에서 일하는 기술 노동자와 주요 직원 중의 70퍼센트가 모두 지리의 자체 학원에서 길러낸 인재들이다. 지리자동차 연구원에는 1,400여 명의 연구원들이 있는데 그중 40퍼센트 이상의 연구원들은 모두 지리대학에서 자체로 육성해낸 능력자들이다.

이런 비율로 보았을 때, 지리가 자체로 학교를 설립한 것은 매우 정확하고 올바른 결정으로 이 학교들은 이미 지리그룹의 인재 육성과 직원 교육의 기지로 자리매김하고 있다고 평가할 수 있다. 또한 지리는 재학생들에게 실습의 기회도 마련해주면서 리수푸의 자동차 산업과 교육산업은 상호 작용하여 보완체제를 이루어내는 데 성공했다.

　리수푸는 '학교에 들어가는 것은 더 능력 있는 모습으로 사회에 진출하기 위해서이다.'라는 교육 이념을 이행하고, 지리 학교의 학생들을 자신이 배운 것을 실천하고 응용할 줄 아는 실용적인 인재로 육성하기 위하여 전 세계 각 지역에서 유명 교사를 초빙했다. 지리의 학교에서는 취업을 목적으로 인재들을 양성하며, 기업의 수요와 사회 수요에 따라 유연하게 교육 과목을 개설했다. 교육과정 내용은 주로 '실용성'을 강조하고 수업 과정에서는 '실전'을 위주로 교육하고 기술을 전수함으로써 대부분의 지리 학교에서 지리그룹 각 부서의 리더 역할을 할 수 있는 인재를 육성해 냈다.

　이와 동시에 지리그룹은 학생들에게 파격적인 인턴 근무 조

제2편 효율적인 관리가 진정한 경영이다

건을 마련해 주었다. 전국 각지에 분포해 있는 지리의 생산기지, 파워 트레인 사업부, 자동차 연구원, 국내외 판매 회사 등이 모두 학생들을 위해 우수한 인턴 환경을 제공하여 주었다. 지리그룹에서 자동차 산업, 연구 개발과 교육은 이미 혼연일체를 이루었다.

# 뱀이 코끼리를 삼킨 신화

지리의 창업사를 돌이켜 보면 리수푸는 각각의 행보마다 '작은 것으로 큰 것을 얻는' 성공 신화를 이루었다. 성공 신화를 이룬 배경에는 시장에 대한 객관적이면서도 냉정한 분석이 있었고 과감히 자신의 모든 것을 거는 '도박성'도 촉매제의 작용을 하였다.

리수푸는 과감하게 타 업계에 진출하여 작은 것으로 큰 것을 얻는 성공 신화를 이루어냈을 뿐만 아니라 절박한 금융 위기에서도 무사히 살아남아 세간을 놀라게 했다. 많은 기업들은 금융 위기를 겪으며 지출을 줄이는 방식을 택하였지만 리수푸는 '겨울나기'를 준비하지 않고 힘든 시기를 거슬러 올라갔다.

결과적으로 지리는 겨울을 무사히 지나고 위험한 고비를 교묘하게 에돌아 자동차 업계의 고지를 점령했다. 리수푸는 망가니즈브론즈(Manganese Bronze)와 합병하고 호주 DSI를 인수하였으며 중위(中譽)자동차를 완벽하게 인수했다. 또한 성공적으로 볼보자동차를 인수하여 '뱀이 코끼리를 삼킨' 신화를 이루어냈다.

지리는 중국의 소형 민영기업의 신분으로 실력이 탄탄한 수많은 경쟁자들을 물리치고 끝내 100퍼센트의 주주권으로 볼보자동차를 인수 합병하여 전 세계의 주목을 받은 합병 건을 완벽하게 마무리했다. 이 모든 것이 신화 같지만 사실은 걸음걸음마다 진을 치며 포위한 비즈니스 전략이 주효했다고 말할 수 있다.

# 7

# 작은 것으로 큰 것을 이루어낸
# 리수푸의 자본 게임

기업 발전에서 자금은 가장 중요한 화두로, 자금은 기업의 생명을 지켜 주는 천사이자 기업의 목숨을 노리는 악마의 역할도 하며 기업의 꽁무니를 그림자처럼 붙어 다닌다. 유동자금이란 '현금-자산-현금'의 순환을 말하며 기업에서 정상적이고 안정적인 자금 운영을 유지하려면 자금의 유동이 순조로워야 한다. 일단 자금줄이 끊기면 기업은 생사의 갈림길에 놓이게 된다.

리수푸는 마치 도박꾼처럼 여러 업계를 상대로 여러 번의 '생사' 게임을 강행하였는데, 자금줄이 수시로 끊어질 것만 같은 상황 속에서도 리수푸는 매번 거액의 판돈을 걸었다. 리수푸가 이렇게 행동한 데에는 그의 담대한 용기의 영향이 컸지만, 독보적인 비즈니스 안목 또한 큰 영향을 미쳐 기회를 단번에 잡게 했다고 할 수 있다.

기업인의 덕목 중의 하나는 결단력이다. 실패가 두려워 소심하게 앞뒤를 재다보면 기회를 놓치게 된다. 리수푸는 어떤 일에 대하여 확신하면 곧바로 실행에 옮긴다. 물론 우선적으로 이성적인 판단과 분석을 통해 확신을 가지는 것이 필요하다. 리수푸는 다른 사람들이 보기에 전혀 구비되지 않은 조건으로 큰 이익을 쟁취하였는데, 그중에 내포된 완고하고 고집스러운 지혜는 실로 감탄스럽다.

### 120위안으로 종잣돈을 마련하다

1982년, 19살의 리수푸는 고등학교를 졸업하고 아버지로부터 120위안을 빌려 장사의 길에 뛰어들었다. 그는 120위안으로 갈매기 브랜드의 사진기 한 대를 사서 타이저우(臺州) 시골 마을을 누비며 마을 곳곳의 집들을 부지런히 찾아다니며 사람들에게 사진을 찍어주고 돈을 받았다. 리수푸에게는 국영 사진관과 똑같은 갈매기 브랜드의 사진기가 있었고, 사진관에 들어가지 않고도 길거리에서 사람들에게 편리하게 사진을 찍어주었으며, 사진 배경도 사진관에서 찍은 판에 박은 것 같은 배경화면보다 훨씬 자연스러워 사진 효과가 좋았지만, 사람들은 그를 '떠돌이 사진관'이라고 놀려댔다.

타이저우 사람들 사이에서 리수푸의 창업 경력은 이렇게 전해지고 있다.

"공원에서 사진기를 메고 돌아다니는 한 젊은이가 있었습니다. 이 심심해 보이는 젊은이는 사람을 만나기만 하면 '오세요, 저기요, 사진 한 장 찍고 가세요.'라며 호객행위를 했는데 그 장사꾼이 바로 리수푸였습니다."

1980년대 개혁개방이 시작되자 사람들은 '금'을 찾아 너도나도 장사를 시작했다. 리수푸 역시 천부적인 사업가의 기질을 발산하기 시작했다.

비록 '비정규직 사진관'의 수입은 안정적이지 못했지만 당시 리수푸의 수입은 대부분의 시간을 농사에 할애하는 고향 친구들에 비하면 많았다. 1년이 지나 그는 처음으로 2,000위안이라는 돈을 마련했다. 그 당시 기술자의 한 달 급여가 50여 위안밖

2015년, 중국 동부의 절강성에서 열린 제2차 세계 인터넷 컨퍼런스 포럼에 참석한 리수푸의 모습이다. 리수푸가 자신의 생각을 조용하지만 강하게 이야기하고 있다.
▷출처: 연합뉴스

에 안 되었다는 점을 생각하면 2,000위안은 대단한 금액이었다. 리수푸의  연간 수입은 사무직 직원 4, 5명의 연간 수입 총액과 맞먹었다.

'비정규직 사진관'의 수입으로 2,000위안이라는 거금을 손에 쥐었지만 리수푸는 돈을 버는 데에만 만족하지 않았다. 그는 이 돈으로 진짜 사진관을 열고 싶었던 것이다.

제3편 뱀이 코끼리를 삼킨 신화

리수푸는 한번 마음먹으면 반드시 행동으로 옮기는 성격으로 탁월한 실천 능력을 발휘하여 자신의 힘으로 사진기를 조립하고 사진 배경을 설치했다. 자신만의 사진관이 생기자 리수푸는 더 이상 자전거를 타고 힘들게 거리를 누비지 않아도 되었다. 이런 평범한 일상 속에서도 리수푸는 한시도 가만히 있지 않고 머리를 써서 연구하기를 좋아했다.

리수푸는 여러 가지 연구를 하다가 필름을 현상하는 현상액에 은 성분이 포함된 것을 알아내고 염화나트륨이 은이온을 염화은의 상태로 분리할 수 있다는 것을 발견했다. 이 방정식은 고등학교 화학 교과서에서 배웠으며 조작 방법도 의외로 매우 간단했다. 리수푸는 현상액에서 고순도의 은을 제련해 내어 사진관에서 얻은 수익보다 더 많은 부를 얻게 되었다.

1983년, 리수푸는 타이저우 지역에서 은 제련 기술을 보유한 유일한 사람이 되었다. 그는 더욱 많은 돈을 벌기 위하여 사진관 일을 그만두고 그동안 사진관에서 얻은 수익으로 금은 귀금속을 제련하기 시작했다.

얼마 지나지 않아 리수푸는 현상액에서 금은을 제련하는 새

경주용 차인 지리 GX2                    ▷출처: Wikimedia Commons

로운 사업을 타이저우 전체 지역으로 확대함과 동시에 판로까
지 확보했다. 나중에 업계에서는 '리수푸가 타이저우 전 지역 현
상액 사업체를 전부 인수했다.'라는 입소문까지 퍼져나가게 되
었다. 리수푸는 현상액 제련 사업에 있는 힘을 다하면서 타이저
우와 원저우(溫州) 지역의 가전제품 시장으로 눈길을 돌리기 시
작했다.

　　1982년부터 1984년이라는 짧은 기간 동안 자전거를 타고 돌

아다니던 '비정규직 사진관' 리수푸는 인근에 소문난 부자가 되었다. 리수푸는 2년 사이에 120위안의 돈으로 생애 첫 종잣돈을 얻게 되었고 냉장고 업종에 진출할 자금을 축적했다. 대담하게 시도하고 모험을 즐기는 그의 성격은 개혁개방 초기의 사업 활동에서 눈부신 빛을 발했다.

## 인테리어 자재로 시작한 2차 창업

1984년, 중국이 개혁개방을 실행한 지 어느덧 6년이라는 세월이 흘렀다. 국유 기업의 노동자들의 급여가 인상되었고 농민들의 수입도 증가되기 시작했다. 아울러 텔레비전, 냉장고, 세탁기 등 가전제품이 사람들의 시야에 들어오게 되었고 얼마 뒤에는 인기 상품으로 각광을 받기 시작했다. 리수푸는 자신만의 독특한 판단 및 뛰어난 사업적인 감각으로 냉장고 업종에 진출하게 되었다.

리수푸가 냉장고 분야에 진출하게 된 데에는 우연한 계기가 있었다. 지리 내부에는 이런 이야기가 전해지고 있다.

어느 비 오는 날, 신발에 물이 찬 리수푸는 물이 새지 않는 튼튼한 신발을 맞추려고 수제화 공장을 찾아가게 되었다. 그가 신발 공장에 들어섰을 때 마침 4명의 일꾼들이 냉장고 부품을 조립하고 있었다. 리수푸는 그들과 편하게 이야기를 나누다가 우연히 냉장고 부품이 돈이 되며 현재 공급이 부족한 상황이라는 정보를 입수하게 되었다. 그때 그는 불현듯 냉장고 부품을 생산하면 어떨까 하는 생각을 떠올리게 되었던 것이다.

리수푸는 장사로 축적한 자본금을 기반으로 집에서 냉장고 부품을 제조하였다. 그리고 완성된 부품들을 큰 가방에 넣어 타이저우 냉장고 공장에 넘겼는데 예상외로 장사가 호황을 이루었다.

그 후 리씨 가족의 형제 4명도 창업에 함께 뛰어들어 냉장고 부품 공장을 설립했다. 이들의 공장에서 생산해낸 부품으로 완성된 냉장고가 불티나게 팔리면서 부품 공장의 영업은 얼마 지나지 않아 정상 궤도에 들어섰다. 리씨 공장에서 생산한 중요 부품인 증발기는 업계에서 핵심적인 위치를 차지하게 되었고 1986년 타이저우 스취(石曲)냉장고 부품 공장의 생산액은 4~5천만 위안에 달해 현지에서 명성이 자자했다.

그러나 리수푸는 냉장고 부품을 만들어 파는 소규모 장사에 만족하지 않았다. 그는 또 다른 꿈인 냉장고를 만들려는 계획을 세우기 시작했다. 리수푸가 직접 냉장고를 생산하겠다는 결심을 밝히자 리씨 형제들은 강력하게 반대했다. 타이저우는 구석진 산간 지역에 자리하고 있어서 교통이 발달하지 못했고, 냉장고 기술자도 부족했기 때문에 이번 결정은 전혀 실현될 가능성이 없다며 모두 고개를 저었다.

하지만 쉽게 물러설 리수푸가 아니었다. 그는 반드시 냉장고를 만들어 내겠다는 집념으로 황옌현(黃岩縣) 린네풀 냉장고 공장을 설립했다. 당시 냉장고 시장 활성화로 매출이 올라가자 4형제는 1988년에 다시 동업을 하게 되었다.

1989년에 냉장고 사업은 대성공을 이루었으며 린네풀 냉장고는 당시 중국 내 냉장고 업계에서 유명 브랜드로 주목을 받게 되었다. 그해 리수푸는 26세 나이로 명실상부한 갑부로 소문이 났다. 그러나 리수푸는 이러한 거침없는 모험 정신으로 대가를 치르기도 했다.

1989년 6월, 정부에서는 냉장고 생산에 대해 업체 지정 생산을 실행하면서 린네풀 냉장고는 민영업체라는 이유로 목록에서 빠지게 되었다. 리수푸는 울며 겨자 먹기로 한창 최고봉에 오른 냉장고 공장을 포기해야만 했다.

냉장고 공장을 폐쇄한 리수푸는 천만 위안의 거금을 들고 심천으로 가서 학교를 다니기 시작했다. 심천에서 공부하며 지내던 어느 날, 그는 숙소 인테리어를 위해 몇몇 동기들과 함께 인테리어 자재 시장에 가게 되었다. 그곳에서 리수푸는 고가의 인테리어 자재들이 전부 수입 제품이고 가격 또한 매우 비싸서 일반 사람들이 상상하지 못할 정도의 폭리가 발생한다는 정보를 알게 되었다. 이렇게 리수푸는 인테리어 자재 장사를 할 생각을 가지게 되었다.

인테리어 자재 장사는 당시 블루오션 프로젝트로서 거대한 성장 공간을 갖고 있었고, 인테리어 자재의 생산에 최적화된 외부 환경이 조성되어 있었다. 리수푸는 이 기회를 과감하게 잡았다. 그는 형제들을 설득하여 함께 힘을 모아 새로운 창업에 뛰어들었다.

리수푸는 2,000만 위안의 자금을 들여 인테리어 자재 생산 공장을 설립하여 마그네슘 곡판 연구를 시작했다. 첫 번째 마그네슘 곡판이 성공적으로 생산되었다. 같은 종류의 수입 자재와 비슷한 품질을 가졌으면서도 가격은 수입 자재의 3분의 1밖에 안 되는 리수푸의 제품은 빠른 속도로 전국 시장을 점령했다. 이 새로운 '보물단지'는 해마다 리수푸에게 약 1억 위안에 달하는 소득을 안겨 주었다.

현재 황옌지리인테리어 자재 공장은 궈메이(國美)인테리어 자재 공장으로 이름을 변경하고, 마그네슘 곡판 생산에서 알루미늄 복합패널 생산으로 방향을 바꾸었다. 인테리어 자재 생산 사업은 지금까지 지리그룹의 지주 산업으로 지목되고 있으며 매년 5억 위안의 매출액을 창출하여 5,000만 위안 이상의 이윤을 자랑하고 있다. 리수푸의 뛰어난 지도력을 기반으로 하여 저장 타이저우 지역은 중국 내 최대의 인테리어 자재 생산기지로 자리매김하고 있다.

리수푸는 독특한 사업적인 후각을 소유한 능력자이다. 그의 다소 고집스러운 지혜는 다른 사람들보다 반년 먼저 기회를 포착하고 그 기회를 자기 것으로 만들어 틀어쥐는 데에서 느낄 수 있다. 리수푸는 인테리어 자재 사업을 통하여 거액의 이윤을 창출하여 제2의 창업에 성공함으로써 향후 오토바이와 자동차 업계에 진출할 든든한 기반을 마련했다.

1억 위안으로 구축한 자동차 제국

1993년 구정, 리수푸는 회사 내 한 직원과 인테리어 자재 시장이 안정된 후 어떤 사업을 추진할지에 대하여 담소를 나누다가 국산 오토바이가 미국보다 품질이 낮기 때문에 사업 기회가 있을 것이라는 정보를 얻게 되었다.

이 정보를 입수한 리수푸는 처음에 오토바이 부품을 생산하려는 생각으로 대형 국유 오토바이 생산업체를 찾아가 상황을 알아보았다. 그리고 업체 사장에게 휠 림(Wheel Rim) 생산 및 공급을 제안했다가 상대방의 비웃음만 당하고 말았다.

하지만 이런 수모를 당하고도 리수푸는 계획을 포기하지 않았다. 오히려 타이저우로 돌아와 오토바이 생산 업계에 과감하게 출사표를 던졌다. 리수푸는 인테리어 자재 공장을 함께 설립한 형제들과 의논하였지만 모두 반대하는 눈치였다. 형제들은 리수푸가 자신의 상황을 잘 모르고 새로운 일을 시작하려 한다고 생각했다.

그러나 이미 결정을 내린 리수푸는 광저우에서 몇 대의 오토바이를 구매하여 일일이 해체하면서 오토바이에 대하여 연구하기 시작했다. 오토바이를 제조하는 과정은 훗날 자동차를 제조하는 과정과 같았고 자동차 업계에 진출했을 때와 마찬가지로 어려움에 부딪혔는데, 그것은 바로 오토바이 제조 허가증이 없었던 것이다. 리수푸는 나중에 수천만 위안의 대가로 저장 린하이 지역의 제조 허가증이 있는 국유 기업인 우정오토바이 공장을 인수했다.

오토바이 업계에 진출한 후 리수푸는 페달식 4행정 엔진 개발에 성공하였고, 그의 공장은 중국 내 최초로 페달식 오토바이를 생산하는 공장으로 발돋움했다. 1998년, 공장의 연간 생산량은 65만 대에 달하였고, 생산액은 몇 년 사이에 연속으로 20억~30억 위안을 창출하였으며 22개 국가에 오토바이를 대량으로 수출하여 전국 민영기업 4강에 선정되기도 했다.

리수푸는 과감한 담력과 지혜로 사진관에서 은 제련 기술을 활용한 사업, 냉장고, 인테리어 건축자재 및 오토바이, 자동차 생산에 이르기까지 발 빠르게 움직여 왔다. 여러 가지 업계를 드나들며 기업의 신속한 발전을 이룰 수 있었던 것은 그의 예리한 사업적인 안목 외에도 뛰어난 감각과 유전자의 영향을 이야기하지 않을 수 없다. 리수푸는 새로운 사업을 시작할 때마다 주변 사람들의 반대에 부딪혔다. 그러나 그는 매번 자신이 가능하다고 생각하고 믿는 모든 일에 대하여 시도하겠다고 결정을 내렸고, 결정을 내리면 바로 행동에 옮겼으며, 자신의 전 재산을 판돈으로 걸었다. 이러한 리수푸의 행동은 '끊임없이 부딪치는 자만이 살아남는다.'는 진리를 증명해 준다.

1996년, 리수푸는 주변 사람들이 보기에 또 한 번 '미친' 결정을 내렸다. 그것은 바로 자동차 생산에 도전장을 내민 것이다. 리수푸는 "자동차는 4개의 바퀴와 2개의 소파로 구성된 교통도구"라는 발언으로 주변 사람들을 놀라게 하였고 '자동차 미치광이'라는 별명까지 얻었다.

자동차를 만들기로 결정했을 당시 리수푸에게는 1억 위안의 자금이 있었다. 그때의 상황을 되돌아보면서 리수푸는 이렇게 말했다.

"그 당시 나에 대한 존중의 표시로 이사회에서는 내 결정에 비록 동의하였지만 많은 돈을 투자할 상황은 못 되었습니다. 그래서 초기 단계에 1억 위안을 투자하여 타당성을 타진하고 한발 한발 나아가자고 결정했습니다."

그 당시 리수푸는 자동차 제조 허가증을 취득하기 위하여 베이징에서 중앙 각 부처를 발이 닳도록 뛰어다녔다. 성격 좋은 정부 관계자는 5억 위안을 투자하여 자동차를 생산하겠다는 그의 계획을 조용히 들은 뒤, 돌아가서 계속 오토바이를 만드는 편이 낫겠다고 권유했고 일부 무례한 직원은 그를 밖으로 내쫓기까지 했다. 리수푸가 상하이에서 부품을 구매할 때에 한 기술자는 5억 위안으로 자동차를 제조하려고 한다는 그의 말을 듣자마자 바로 무시하고 가버렸다. 그러나 이러한 쓰라린 경험들조차 결코 리수푸를 좌절하게 하거나 포기하게 만들 수는 없었다.

이사회에서 자동차 생산 계획이 통과한 후 리수푸가 가장 먼저 떠올린 것은 인재 문제였다. 그는 지리 오토바이 직원들의 경력을 조사하여 3명이 자동차산업에 종사한 적이 있는 경력자임을 발견했다. 리수푸는 그 3명의 직원을 바로 사무실로 불러 자동차를 생산하려고 한다고 말했다. 그들이 놀라서 어쩔 줄 몰라하자 리수푸가 다독였다.

"괜찮습니다. 너무 놀라지 마시고 그냥 저의 생각대로 움직여만 주세요. 실패해도 상관없습니다. 돈 좀 썼다고 생각하면 되니까요."

이렇게 해서 기본적인 인력 문제는 해결한 셈이었다.

제조 허가증과 자금 문제를 제외하고도 지리자동차 공장의 조건은 매우 열악했다. 리수푸는 린하이의 드넓은 공터에 맨주먹으로 공장을 설립하였고, 자동차 디자이너 또한 예상외의 인물들이 발탁되었다. 판금공이 수작업으로 자동차를 만들어냈다는 믿을 수 없는 이야기는 이미 지리의 창업사에 정확히 기록되어 있는 실화이다. 진정한 자동차 제조 허가증을 취득하는 것은 리수푸가 가장 심혈을 기울인 일이었으며 중국이 WTO에 가입하는 시점이 되어서야 비로소 허가를 받을 수 있었다. 이것은 지리가 최초의 자동차—하오칭(豪情)을 출시한 후 3년도 더 지난 시기였다.

상하이 오토쇼에서 선보인 지리의 획기적인 디자인의 자동차
▷출처: Wikimedia Commons

현재 지리자동차는 서민들이 구매할 수 있는 가격 대비 우수한 품질의 자동차로 승부하였으며 국경을 넘어 전 세계로 질주하려는 꿈을 이루어냈다. 또한 민족의 자주적인 브랜드 이미지를 성공적으로 구축하여 탄탄대로를 달리고 있으며 첨단 자동차 브랜드 영역으로 진출하고 있는 중이다. 리수푸는 젊은 패기로 자신의 전 재산을 판돈으로 걸고 '자동차 제조의 꿈'을 이루

어냈다. 리수푸의 고집스러운 성격이 그로 하여금 끊임없이 학습하고 혁신하게 하여 선두의 위치에 올라서게 했다.

현재 지리그룹은 자동차, 대학교, 오토바이, 인테리어 자재 등 다양한 영역의 자동차 제국으로 부상했다. 리수푸는 자신의 완고한 결단력과 행동력으로 불가능한 꿈을 현실로 만들어 성공한 대표적인 인물이다. 이 모든 눈부신 성과는 자동차 업계에 대한 리수푸의 독특한 견해와 '작은 것으로 큰 것을 얻는다.'는 사업적 지혜와 패기가 있었기에 실현 가능했다.

제3편 뱀이 코끼리를 삼킨 신화

# 8

# 확장의 길

어떤 기업이든지 불경기에 사업을 확장하느냐 또는 축소하느냐 하는 것은 매우 중요한 문제로 대두된다.

갈수록 심해지는 글로벌 금융위기로 인해 주가가 폭락하고 소비자의 구매능력이 끊임없이 저하됨에 따라 다른 기업에서는 겨울나기 준비에 신경을 쓰고 있었다. 그러나 자동차 업계에서 '미치광이'로 불리는 리수푸는 대대적인 확장과 인클로저를 감행하고 자신의 실력과 담력으로 '동계 수영'을 시도했다.

그 결과, 리수푸는 또 한 번의 성공을 거두었다. 2008년 상반기 지리자동차는 12만 1,690대를 판매하여 전년 동기 대비 11.8퍼센트 성장하였으며 다른 기업들이 겨울철 비수기를 걱정하며 지지부진하고 있을 때 지리는 예상 목표를 초과하여 달성하는 쾌거를 이룩했다.

확장에는 위험성이 동반되는 법이다. 또한 기업가의 명석한 두뇌 판단이 절대적으로 필요하며 경거망동이나 충동적인 판단으로 사업을 이끌어 나가서는 안 된다. 간혹 고집스럽거나 미친 판단이라는 혹평을 받기도 했지만 리수푸는 회사를 확장하기 전에 평가와 조사 연구를 병행하면서 자신의 결정에 관련하여 신중한 자세를 잃은 적이 단 한 번도 없었다.

> ● 토지의 개인 소유화 운동, 인클로저(enclosure)
> 인클로저는 15세기 중엽 이후, 근세 초기의 유럽, 특히 영국에서, 영주나 대지주 등의 지주 계급이 목양업이나 대규모 농업을 하기 위하여 황무지, 미개간지나 공동 방목장과 같은 공유지를 사유지로 만든 일이다. 15~16세기의 제1차 인클로저와 18~19세기의 제2차 인클로저로 인하여 중소 농민들은 농업 노동자나 공업 노동자로 전락하였다. 인클로저를 간단히 정리하면 토지의 집중적인 개인 소유화 운동이라고 말할 수 있다.

상장, 자본의 조혈 처방

아르키메데스는 "지렛대만 있다면 나는 지구도 움직일 수 있다."는 명언을 남겼다. 민영기업으로 말하면 이 지렛대는 바로 상장이며, 상장을 통하여 기업은 향후 발전할 수 있는 발전 자금을 조달받게 된다. 또한 기업이 건전하고 순차적으로 발전하도록 감독 체제가 마련되어 기업의 발전을 촉진하게 된다.

2002년 리수푸가 허가증을 취득한 시기가 바로 지리에 자금이 필요한 때였다. 본사를 항저우로 이전한 지 얼마 안 된 지리는 광다(光大)은행과 상하이은행으로부터 10억 위안에 달하는 대출 자금을 확보했다. 이것은 지리의 발전을 가속화하는 데 필요한 종잣돈이라고 할 수 있었다.

이 밖에도 자금 부족 문제를 해결하기 위하여 쉬강(徐剛) 신임 CEO는 지리의 융자 자금 확보와 상장을 위한 계획을 세웠다. 리수푸에게 있어서 기존의 홍콩 상장 회사는 하나의 막대한 자원이었기 때문에 상장은 지리그룹의 발전에 있어서 유일무이한 선택이었다.

2003년 4월 7일 궈룬 홀딩스(國潤控股)와 지리는 정식으로 공동 출자 협의를 체결했다. 귀룬 산하의 스지공업(世紀工業)과 지리그룹의 지리자동차가 공동으로 출자하여 저장지리귀룬자동차유한회사를 설립하고, 지분은 지리가 53.2퍼센트를 차지하고 귀룬이 46.8퍼센트를 차지했다. 2004년 1월 5일, 귀룬 홀딩스는 공시를 통하여 PGHL 회사 지분의 변화를 공포했다. 허쉐추(賀學初)와 리수푸의 지분을 모두 32퍼센트로 똑같이 배분하고 회사 이름에 지리자동차를 포함시켰다. 이때 허쉐추와 그의 동료들은 총 22억 위안에 달하는 귀룬 홀딩스 지분을 가지고 있었고 리수푸는 10억 위안의 지분을 보유하고 있었다.

2005년 1월, 지리자동차홀딩스그룹회사로 개명한 원래 상장회사였던 귀룬 홀딩스는 저장지리그룹에서 그의 대주주 PGHL의 모든 지분을 인수한다고 발표했다. 리수푸는 두 차례에 걸쳐 PGHL의 지분을 인수하고 명실상부한 대주주가 되었으며 지리자동차는 정정당당하게 홍콩에서 상장되었다.

리수푸는 천신만고 끝에 지리자동차를 상장회사의 반열에 올려놓았다. 여기에서 특별히 주목할 점은 2004년 정부에서 민영기업에 불어닥친 자동차 열풍을 통제하기 위하여 제정한 〈자동차 산업에 관한 정책〉에 따르면 자동차 산업 진입을 허가하는 동시에 최저 투자 규모를 15억 위안 이상으로 규정하였다는 것이다. 이것은 민영기업이 자동차 업계에 진출하는 것을 견제하는 정책으로, 다행스럽게도 리수푸는 그때 이미 상장했기 때문에 자동차의 꿈을 이루는 데 가장 위험한 장애물인 자금 문턱을 뛰어넘게 되었다.

리수푸는 상장과 융자를 통하여 지리의 고속 발전에 필요한 대량의 자금을 제공하였으며 지리는 대량의 자금을 기반으로 규모화 계획을 실시했다. 또한 상장을 통하여 기업 관리가 더욱더 규범화되어 지리 관리팀의 수준 향상에 유리하게 작용하였고, 상장 후 지리가 시장의 재편성 과정 중에 기선을 잡게 되어 시장 경쟁력이 더욱 향상되었다.

'위기'를 계기로 확장에 나서

2007년부터 2008년 사이에 전 세계를 강타한 금융위기로 인해 대다수 업계가 침체되고 많은 자동차 기업들이 심각한 타격을 받았다. 그러나 지리는 위기 앞에 위축되지 않고 금융위기 전에 비해 더욱 저렴한 가격으로 대규모로 선진적인 기계 설비를 구매하여 도입함과 동시에 많은 인재를 영입했다. 이에 대하여 리수푸는 다음과 같이 말했다.

"겨울에 춥다고 숨어 있지 말고 움직여야 해야 한다. 다른 사람들의 위기가 우리한테는 기회이다."

2007년 지리그룹은 닝보에서 80여 명의 판매원들과 공동으로 〈닝보선언(甯波宣言)〉을 발표하고, 앞으로 지리는 전략적 전환을 실현하고 단순한 원가 절감으로부터 한 걸음 더 나아가 선진적인 기술력, 믿음직한 품질, 만족스러운 서비스 등 전면적인 발전을 추진한다고 선언했다. 전략적 전환을 실현하기 위하여 리수푸는 지리의 첫 번째 자동차를 완성하여 생산한 저장 닝하이 생산기지의 모든 생산 라인과 공장 건물을 도태시키고 3가지 주력 제품인 하오칭, 메이르, 유리어우(優利歐) 브랜드의 생산을 전부 중단시켰으며 모든 생산 라인을 1년 남짓 중지시켰다. 이로 인해 리수푸는 약 8억 위안에 달하는 대가를 치렀다.

리수푸는 주변 사람들의 불신의 목소리를 귓등으로 흘려보낸 채 20억 위안을 투자하여 닝보 베이룬 지역에 새로운 생산 라인

중국의 닝보에 있는 지리자동차 공장의 내부로, 노동자들이 자동차를 조립하고 있는 모습이다. ▷출처: Wikimedia Commons

을 건설하고 지리의 새로운 브랜드인 위안징(遠景), 진강(金剛), 즈유젠(自由艦), 디하오(帝豪) 등을 생산했다. 신규 브랜드의 비중이 이미 95퍼센트를 넘어섰다. 지리의 디하오 브랜드는 2009년 9월의 청두(成都) 자동차 전시회에서 그 존재감을 크게 과시하면서 자동차가 삽시간에 매진되고 200명에 가까운 고객들이 차량을 예약 주문하는 상황이 발생했다.

절박한 금융위기 환경 속에서 지리는 중고급 제품에 접근하는 동시에 2009년 3월 4,750만 호주달러로 호주의 자동 변속기 회사인 DSI를 인수하여 지리의 핵심 부품의 경쟁력을 한 단계 끌어올렸다. 그뿐만 아니라 리수푸는 해외로부터 선진 기술을

● 세계적인 투자은행, 골드만삭스(Goldman Sachs)

골드만삭스는 세계적인 투자은행이자 미국의 증권회사이다. 1869년 독일계 유대인인 마커스 골드만이 세웠다. 전 세계의 기업과 정부, 금융기관 또는 주요 개인 등 다양한 고객들을 상대로 전 세계를 무대로 하여 운영되고 있다. 골드만삭스는 다양한 고객들에게 투자 자문, 금융 서비스를 제공하며 국제 금융시장을 주도하고 있다. 본사는 미국 맨해튼 남부의 뉴욕 시에 위치해 있다.

제3편 뱀이 꼬리를 삼킨 신화

도입하고 수억 위안을 투자하여 자동차 연구원을 설립했다. 이렇게 지리는 해마다 4~5개의 새로운 모델을 생산할 수 있게 되었다.

지리자동차는 성공적으로 DSI 자동 변속기 회사를 인수한 후 DSI의 세계화 발전에 필요한 새로운 전략을 제시했다. 또한 지리는 DSI 브랜드 및 DSI 회사 경영에 대해 상대적인 독립성을 부여하여 세계의 고객들에게 더 좋은 서비스를 제공하도록 하였다. DSI 인수를 통하여 미니 토크 자동 변속기의 자주적인 지적 재산권을 기반으로 지리의 생산 라인은 더욱 풍부해졌으며 지리 자동 변속기의 연구 개발 및 생산력이 대폭 강화되었다. 왕쯔량(王自亮) 지리 부총재는 DSI와 관련하여 다음과 같이 말했다.

"저희는 DSI가 변속기 영역에서 취득한 독보적인 기술 및 뛰어난 연구 개발 능력을 매우 중요하게 생각하고 있습니다."

리수푸는 성공적으로 DSI 회사와의 통합을 이루어냈다. DSI는 2009년 말 지리의 새 모델과 동력 집성 시스템의 접목을 통하여 이미 수익이 발생하였다. 이와 동시에 푸싱(複興)의 포드와 파산 구조 조정을 마친 쌍용 자동차도 DSI 자동 변속기를 인수

골드만삭스를 세운 마커스 골드만　　　　　　　▷출처: Wikimedia Commons

제3편 뱀이 꼬리를 삼킨 신화

구름을 배경으로 높이 솟아 있는 골드만삭스 건물　▷출처: Wikimedia Commons

하기 시작했다. 2010년 신정이 지난 후 리수푸는 DSI 회사를 적자에서 흑자로 돌리는 데 성공했다고 발표했다.

리수푸에게 있어서 2009년은 지리가 국제화, 규범화, 민족 브랜드 구축을 위해 힘차게 전진한 한 해이다. 같은 해 9월, 국제적으로 유명한 투자은행인 골드만삭스는 리수푸와 협력하기로 결정하고 전환사채 인수와 워런트를 통하여 지리에 투자했다. 반면에 지리는 전환채권 발행을 통하여 획득한 18.97억 홍콩달러로 회사의 자본 지출 및 기업의 잠재적 인수 및 일반적인 사업 지출 비용을 해결했다.

위기의 순간에 리수푸는 시세를 거슬러 회사를 확장하여 위기를 기회로 전환시킴으로써 다시 한번 자신의 완고한 개성을 보여주었다. 리수푸와 지리에 있어서, 금융위기 역시 또 다른 기회이며 기업 발전의 동력이었다. "썰물이 밀려나가야 누가 벌거 벗었는지 확인할 수 있다."는 워런 버핏의 말대로 오직 생존 토양이 가장 메마를 때만이 어느 기업의 생명력이 강한지를 알아볼 수 있는 것이다.

> ● 고위험, 고수익 증권, 워런트(warrant)
> 일정한 수의 보통주를 일정한 가격에 살 수 있는 권한, 또는 비슷하거나 같은 쿠폰 금리의 고정금리채권을 살 수 있는 권한을 증권소유자에게 부여하는 증서를 말한다. '주식워런트증권'을 줄여 'ELW'라고 말한다. 워런트는 빠르게 성장하는 기업이 사채나 우선주 등을 발행하여 장기적인 자본을 확보할 때 사용하는 방법이다. 매입 대상 자산의 값이 변동하면 가격이 큰 폭으로 변동하기 때문에 워런트는 고위험, 고수익 증권이라고 할 수 있다.

인클로저의 위험 책략과 특수 책략

전 세계에 금융위기가 닥치면서 모든 자동차 생산업체는 일제히 침묵을 지켰다. 간혹 상승세를 타는 제조업체가 있었지만 대부분 조용히 회사를 유지하는 방식을 택했다. 절대다수의 제조업체가 가능하면 인원을 확충하거나 투자를 확장하지 않고 기존의 생산 라인과 생산력으로 위기에 대처한 데 비해 리수푸는 다른 사람들이 가지 않은 새로운 길을 택했다.

2008년 11월 6일, 지리자동차의 열 번째 기지인 후난 샹탄시 쥬화(九華)공업단지가 가동되었다. 10년이라는 짧은 기간 동안 리수푸는 전국적인 범위에서 인클로저를 실행하여 후난 샹탄, 간쑤 란저우(甘肅蘭州), 저장 츠시(浙江慈溪), 산둥 지난(山東濟南), 쓰촨 청두, 광시 구이린(廣西桂林) 지역에 본격적으로 투자하거나 생산기지 설립 계획을 수립했다. 여기에 기존에 설립한 4대 생산기지를 합하여 지리자동차는 전국에 총 10개의 생산기지를 보유하고 있으며 전국 자동차 기업 중 규모 1위의 업체로 거듭났다.

리수푸가 금융위기에서 보여준 완고성은 끊임없이 인클로저를 실행하는 데에서 표현되었으며 이것은 위험한 책략이었다. 하지만 다른 측면으로 분석해보면 대대적으로 인클로저를 실행하여 지리의 영향력을 확장하는 것은 각계의 자금 협력을 받을 수 있는 능력을 구비하기 위한 것으로 생각할 수 있다. 또한 지리는 자금을 적극적으로 융자하여 기존의 생산기지 및 제품을 효과적으로 활용하려고 노력하였다. 이를 통하여 빠르게 판매 규모를 형성하여  자금 회전 속도를 가속화함으로써 자금 부족 상황을 모면하고 지리의 화창한 봄날을 맞이할 수 있었다.

제3편 뱀이 꼬리를 삼킨 신화

# 9
# 볼보 인수 합병의 뒷이야기


2010년 3월 28일, 중국 민영기업인 지리그룹은 성공적으로 스웨덴의 볼보자동차 회사를 인수 합병하여 '시골 청년이 유럽 공주와 결혼'하는 신화를 창조했다. 이것은 중국에서 처음으로 100년 역사를 자랑하는 유명한 외국 자동차 브랜드를 완전하게 인수한 사례로 전 세계의 주목을 받았다.

● 지리그룹의 볼보자동차 인수의 의미

2010년 지리그룹은 볼보자동차 회사의 인수를 완료하고 2012년에는 볼보자동차와 기술 이전 계약을 체결하였다. 지리그룹은 볼보자동차를 인수함으로써 세계화 전략을 달성하였고 중국 최초의 다국적 자동차 기업으로 성장할 수 있었다.

지리그룹과 볼보자동차의 대표가 인수 계약서에 서명하고 있는 모습
▷출처: 지리자동차 홈페이지

경거망동인가, 아니면 치밀한 계획인가?

리수푸는 2002년 말 포드가 재정위기에 처할 것을 예견하고 볼보에 눈독을 들이기 시작했다. 2007년 지리그룹은 전략적 전환을 선포하고 자체로 국제 시장 발전 전략을 제정하여 국내 시장을 점령하고 국제 시장에 대한 시야를 넓혀 해외의 유리한 자원을 이용할 것을 선언했다. 리수푸가 볼보를 인수한 것은 지리

제3편 뱀이 꼬리를 삼킨 신화

에게 성장할 수 있는 기회를 가져다주는 동시에 중국의 독자적인 브랜드의 자동차 기업이 빠른 시일 안에 세계 시장에 진출하게 하기 위해서였다.

실제로 볼보 인수는 지리에 다방면의 이익을 가져다주었다. 이것은 리수푸가 해외 인수 합병을 추진하게 된 가장 큰 이유라고 할 수 있다.

2007년 1월, 북미 디트로이트 자동차 전시회에서 리수푸는 당시 포드자동차 최고 재무관을 맡았던 르클레르와 만남을 가졌다. 이것은 지리가 처음 포드와 접촉하는 공식적인 자리였다. 이 자리에서 리수푸는 볼보에 대한 지리의 의사를 함축적으로 표현했다.

리수푸는 이번 만남에서 많은 노력을 들였음에도 불구하고 포드자동차 최고 재무관의 주목을 끌지 못했다. 그 까닭은 서로 간에 이해가 부족하고 전반적인 문제점에 대하여 그 어떤 해결책을 제시하지 못했기 때문이다. 더욱 중요한 요인은 포드에 비록 거액의 적자가 발생한 상황이었지만, 볼보를 매각할 심각한 정도에 이르지는 않았기 때문이었다.

볼보를 인수하겠다고 마음먹은 그날부터 리수푸에게 포기란 있을 수 없었다. 2007년 9월, 리수푸는 항저우에서 미국 포드 본사에 한 통의 등기 우편을 발송했다. 그는 편지에서 정식으로 볼보를 인수할 의사를 표명했다. 그러나 포드 측은 편지를 받은 후 별다른 반응을 보이지 않았다. 당시 포드는 지리를 거들떠보지도 않았지만, 리수푸는 이에 대하여 전혀 의기소침해하지 않고 볼보를 조만간에 꼭 매입하겠다는 의지를 굳혔다.

2008년 10월 24일, 자동차 업계 리서치기관은 금융위기가 도

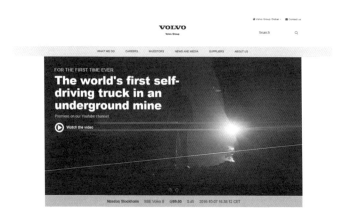

볼보그룹의 공식 사이트 화면 ▷출처: 볼보그룹 공식 사이트

제3편 뱀이 꼬리를 삼킨 신화

래함에 따라 서브프라임 모기지론 위기와 경제 침체의 영향으로 인해 2009년에 전 세계 자동차 시장이 붕괴될 수도 있다는 조사 보고서를 발표했다. 자동차 업계에 적신호가 켜졌다. 이런 위기의 상황에서 제너럴 모터스, 크라이슬러는 최종적으로 파산 보

● 제너럴 모터스, GM(General Motors Corporation)

미국의 자동차 제조회사이자 세계적인 자동차업체이다. 미시간 주의 디트로이트에서 마차를 만들던 윌리엄 듀랜트가 1904년 뷰익의 지분을 사들여 1908년 설립하였다. 북아메리카 외 24개국에 약 30개의 해외 자회사를 가지고 있고 약 170개 나라에서 자동차를 판매하고 있는 세계적인 다국적 기업으로 자리 잡았다. 주요 사업은 자동차와 자동차 부품이지만 디젤엔진, 가전기기 금속제품뿐만 아니라 국방, 우주 분야에까지 손을 뻗는 등 사업 범위가 매우 다양하다. 제너럴 모터스를 줄여서 GM이라고도 부른다.

디트로이트에 있는 제너럴 모터스의 본사 건물이다. 현대적인 분위기의 건물 모습이 인상적이다.　　　　　　　　　　　　　　　▷출처: Wikimedia Commons

호 시스템을 가동하였고 포드도 이 위기를 쉽게 피해 가지 못했다. 포드는 2008년 적자가 147억 달러에 달하면서 미국 자동차 산업에 불어닥친 위기를 이겨나갈 현금이 절박한 시점이었다.

이때 비록 볼보도 적자 상태에 놓여 있었지만 볼보라는 브랜드의 거대한 가치와 잠재적 발전 기회는 포드로 하여금 쉽게 포기 결정을 내리기 힘든 상황에 처하게 했다. 볼보가 시장 세분화

제3편 뱀이 꼬리를 삼킨 신화

및 자동차 기술 측면에서 우위를 점하고 있었기 때문이었다. 따라서 볼보를 매각할지, 또는 매각하지 않을지에 대하여 포드는 깊은 고민에 빠졌다. 유망주로서의 볼보는 지리를 포함한 많은 구매자들의 눈길을 끌었다.

2008년 3월, 리수푸는 포드, 볼보의 임원진과 1차 공식 회견을 가졌다. 이번 회견에서 리수푸는 직접적으로 지리의 볼보 인수 계획을 표명하고 포드에 제안서를 제출했다. 그러나 당시 포드는 지리에 대한 이해가 깊지 못했을 뿐만 아니라 볼보 브랜드를 살리기 위한 최후의 노력 중에 있었다.

리수푸는 지리에 대한 스웨덴 측 인사들의 이해를 돕고자 자오푸취안과 장펑(張梵)을 스웨덴에 특별 파견하여 스웨덴의 부총리 겸 공업 및 에너지 장관인 마우트 올라푸슨과 스웨덴 자동차 조합의 대표와 회담을 가졌다. 그동안 자오푸취안은 지리의 연혁, 전략, 기술 및 계획 등에 관련하여 상세하게 설명해 주었다. 비록 회담 시간은 짧았지만 스웨덴 부총리는 중국 민영 자동차 회사인 지리를 기억했다.

2008년 7월, 쉽게 포기하기 줄 모르는 리수푸는 포드에 지리의 볼보 인수 건에 관한 의향서를 제출했다. 지리는 서면으로 된 의향서에 지리가 볼보를 인수 합병하는 전반적인 계획, 볼보 인수의 의의, 구매 후 전략 및 시너지 효과 등에 대하여 자세하게 설명했다. 그러나 이번에도 포드는 여전히 명쾌한 답변을 내놓지 않았다.

2008년 하반기, 포드는 볼보 매각을 두고 물밑 작업을 시작했다. 드디어 리수푸가 기다리고 기다리던 시각이 다가오고 있었던 것이다. DSI를 인수하는 과정에 지리와 제휴했던 록힐투자은행은 이 기밀을 접하고 바로 리수푸에게 전달했다. 이때 리수푸는 그토록 기다리던 기회가 눈앞에 찾아왔지만 성급하게 서두르지 않고 침착하게 준비해 나갔다.

리수푸는 이미 구성해 놓은 볼보 인수 프로젝트팀에 볼보를 인수하는 데 필요한 사전 준비 사업을 세밀하게 알아보고 연구하게 하였다. 프로젝트팀은 상하이의 비밀 숙소에서 약 두 달 동안의 긴장감 넘치는 작업을 거쳐 일련의 중요한 연구 성과를 얻어냈다. 이 연구 성과에는 백년 브랜드인 볼보의 연혁 및 현황 등 기본 상황에 관련된 연구 조사가 포함되어 있었다. 비록 볼

제3편 뱀이 꼬리를 삼킨 신화

활짝 웃고 있는 리수푸　▷출처: Wikimedia Commons

보에 대한 기본적인 정보, 예를 들어 회사의 재무 상황, 지적재
산권, 자산 부채, 생산력 및 마케팅, 기술 장비 등은 모두 공개된
정보로부터 얻은 것이지만 프로젝트팀은 상세한 분석과 연구를
거쳐 볼보 인수 사업에 실제적으로 도움이 될 만한 수많은 의견
을 제출했다.

　이번 연구 성과에는 지리가 볼보를 인수 합병하는 전략적 가
능성 및 인수 합병 이후의 시너지 효과도 포함되어 있었다. 시너
지 효과는 국제적으로 성공을 거둔 인수 합병 사업의 기반이었
다. 프로젝트팀은 볼보 인수 프로젝트가 과연 지리와 볼보의 재

무 상황 및 기술 측면에서 상호 보완하여 '1+1〉2'의 시너지 효과를 발생할 수 있을지에 대하여 깊이 있는 연구와 검토를 진행했다. 이밖에 프로젝트팀은 포드의 경제 상황 및 전 세계에서 잠재적으로 합병 경쟁력을 구비한 회사에 대하여 연구하고 검토하여 인수와 관련된 만반의 준비를 갖추었다.

리수푸는 자신의 결책과 행동력으로 자신을 불신하는 사람들에게 지리가 볼보를 인수하려는 계획은 경거망동한 행동이 아니라 주도면밀한 작전이었음을 다시 한번 증명했다.

### 볼보의 마음을 움직이다

해외 협상에서 성공하려면 동서양 문화의 융합을 중시해야한다. 또한 협상 중에서 상대방 기업의 요구를 만족시킴으로써 양자의 이익을 극대화해야 한다. 이것이 바로 협상을 성공시키는 비결이다. 협상은 하나의 예술이며 정상들이 대결하는 게임이다. 국제 유명 브랜드인 볼보 인수를 둘러싼 이 세계적인 협상은 지리라는 '시골 청년'이 볼보라는 '유럽 공주'의 환심을 사기위한 힘겨운 과정이었다.

2009년 초, 지리는 존 손튼 포드 회장과의 만남을 가졌다. 그는 지리에 대한 일련의 고찰을 마치고 매우 흡족한 표정을 지었다. 이제야 지리의 실력을 파악한 포드의 임원진은 정식으로 지리의 인수 계획을 검토하기 시작했다.

같은 해 북미 디트로이트 자동차 전시회가 개막하면서 리수푸에게 감격의 순간이 다가왔다. 리수푸는 록힐그룹 회장의 추천으로 디트로이트 포드 본사에서 뮤럴 포드 CEO와 회담을 가졌다. 이 회담은 리수푸가 그전에 가졌던 포드 임원진과의 만남과는 차원이 달랐다.

뮤럴은 일찍이 미국의 보잉회사에서 근무한 적이 있었다. 리수푸는 보잉회사의 경영 이념과 뮤럴이 보잉회사를 위기에서 벗어나게 한 스토리를 이야기하면서 화기애애한 분위기를 조성했다. 두 사람의 사이는 자연스럽게 가까워졌고 협상도 순조롭게 진행되었다.

리수푸는 볼보 인수에 대한 준비 상황을 뮤럴에게 전했다.

"우리는 볼보 인수에 대한 충분한 준비를 마쳤고 컨설턴트팀도 이미 구성했습니다."

리수푸는 국제적인 예의에 걸맞은 방문으로 자신의 성의를 충분히 표시했을 뿐만 아니라 임원진에게 깊은 인상을 남겨 주었다. 또한 리수푸는 '차이나 스토리'를 이야기하였는데 최근 중국의 발전과 개방을 배경으로 지리가 자동차 업계에 진입한 후의 '중국의 연구 개발', '중국의 마케팅', '중국의 구매', '중국의 생산'에 관련된 기업의 기본 상황에 대하여 이야기하였으며 '중국의 제조'와 '중국의 인력자본'에 대하여 호소력 있게 설명했다. 차이나 스토리는 이해하기 쉬웠고 거대한 감화력을 발산했다. 뮤럴과 그의 임원진은 이 차이나 스토리에 대하여 큰 흥미를 보였는데 이 일은 향후 지리가 볼보를 인수하는 데 중요한 역할을 했다.

또한 리수푸의 전기적 색채를 띤 이야기와 그가 자동차를 만들기까지의 역사, 고집스러운 개성 및 그가 볼보에 대하여 보여 준 뜨거운 열정은 뮤럴과 그의 임원진에게 큰 감동을 주었다. 그들은 리수푸의 모습에서 미국인의 창업정신과 가치관을 엿볼 수 있었다.

마지막에 뮤럴이 리수푸에게 말했다.

제3편 뱀이 꼬리를 삼킨 신화

"볼보 인수 절차가 시작되면 제일 먼저 당신에게 알려 드리겠습니다."

이 말은 리수푸가 꿈속에서도 그리던 한마디였다.

2009년 2월, 포드와 지리 프로젝트팀은 한스 올로브 올손 록 힐회사 컨설턴트의 추천으로 중국에서 만남을 가졌고, 포드는 볼보에 관련된 중요한 자료들을 지리에 제공했다.

한스 올로브 올손은 볼보의 전임 회장으로서 자신의 평생을 거의 볼보에서 보냈다고 해도 과언이 아니다. 그를 중심으로 볼보는 몇 가지 중대한 기술적인 어려운 문제들을 돌파하였으며 이는 지리에 있어서 매우 중요한 점이었다. 2008년 7~8월 지리는 장펑을 통하여 한스 올로브 올손을 지리 인수사업의 전문 컨설턴트로 위촉했다. 리수푸는 지리에 대한 포드의 이해를 돕기 위하여 많은 공력을 들여 전문 컨설턴트와 소통했다. 그는 기대를 저버리지 않고 지리가 볼보를 인수하는 과정에서 매우 중요한 역할을 담당했다.

2009년 2월, 지리는 승리의 기호인 'V'자를 그리기 위하여 '볼보 인수 성공 프로젝트'를 본격적으로 가동했다. 얼마 지나지 않아 지리는 포드에 첫 번째 입찰 서류를 제출했으며 같은 해 10월 28일 포드는 지리를 볼보자동차회사의 '우선 협상 구매자'로 공포했다. 갖은 노력과 정성을 들인 끝에 지리는 획기적인 시기를 맞이하여 우선 협상 구매자로 선정되었다. 이것은 곧 지리가 볼보를 인수하기 위한 입장권을 획득했다는 뜻이기도 했다.

지리와 포드의 1년에 걸친 긴장감 넘치는 협상은 전 세계 기업 인수 역사의 새로운 '기네스 기록'을 창조했다. "협상은 기술인가 아니면 지혜인가?"라는 물음에 리수푸는 다음과 같이 대답했다.

● 새로운 단계로 도약하는 지리자동차

지리자동차는 2014년 4월, 미래 브랜드의 사명과 가치를 제안하며 새로운 시대의 브랜드 구축 전략을 발표했다. 지리자동차의 탄탄한 브랜드 구축은 새로운 단계로의 도약을 의미한다.

제3편 뱀이 꼬리를 삼킨 신화

"나는 지혜로 길을 개척하고 진심으로 상대 회사의 협상자들을 감동시켰습니다."

볼보를 인수하기 위한 협상 과정은 어렵고 힘들었지만 리수푸의 고집과 지리 프로젝트팀의 완벽한 준비로 협상의 시작은 그나마 순조로운 편이었다.

지리가 볼보 인수 '입장권'을 받아 '우선 협상 구매자'로 선정된 그 순간부터 볼보라는 '유럽 공주'는 이미 '시골 청년'에게 반해 있었다.


내일을 위한 최후의 도박

지리가 볼보를 인수함에 있어서 인수 가격과 지적재산권에 대한 협상이 최대 관건이었다. 이미 '우선 협상 구매자'로 선정되어 있었던 지리는 인수 가격과 지적재산권에서 최후의 승리를 쟁취해야 했다.

해외 인수의 복잡성에 대비하여 리수푸는 전문적인 사항은 전문 인력에게 맡기고 중대한 판단은 업계 상황에 익숙한 측근 인물에게 맡겨 처리하게 했다. 볼보를 인수하기 전에 리수푸는 몇 장의 '비장의 카드'를 확보해 두었다. 여기에는 베테랑 재무 전문가 인다칭과 베테랑 자동차 기술 전문가 자오푸취안, 세계적인 기업에서 풍부한 관리 경력을 쌓은 장펑, 글로벌 자동차 기업 아시아 지역 고급 관리자 선후이(沈暉) 등이 포함된다. 이러한 베테랑 전문 인력들로 무장한 리수푸는 세계적으로 유명한 투자은행, 변호사 사무소 및 공공 회사를 인수 고문으로 초빙했

---

● 소유권만 중국으로?

시간이 지날수록 중국 경제의 세계적인 영향력이 점점 커지고 있다. 이러한 중국 경제의 세계적인 영향력에 대하여 어떤 전문가들은 색다른 분석을 내놓기도 한다. 서양 브랜드는 사라지지 않고 단지 일부 브랜드의 소유권만 중국으로 바뀔 것이라는 분석이다. 중국 지리(Geely) 자동차의 2010년 볼보(Volvo) 인수 사례와 중국 레노버(Lenovo)의 2005년 IBM PC 사업부문 인수 사례가 그러한 분석을 뒷받침하고 있다.

## Lenovo

리수푸가 볼보 S60 자동차 앞에서 포드의 부사장 겸 최고 재무책임자 루이스 부스와
악수하고 있는 모습                                              ▷출처: 연합뉴스

다. 이렇게 지리는 자동차 전문가들로 구성된 지적재산권 및 근로자와의 관계에 대하여 지식이 넓은 기업, 한 걸음 더 나아가 볼보 브랜드에 각별한 애착과 존중을 표현할 수 있는 기업으로 거듭나게 되었다.

2009년 하반기부터 2010년 초 그동안 침체되어 있었던 금융시장의 회복과 더불어 포드의 위기감도 서서히 사라져 가는 시점에서 지리는 인수 가격을 25억 달러에서 18억 달러로 하향 조정했다. 이것은 그 누구도 예상하지도 상상하지도 못했던 극적인 변화였다.

2009년 11월~12월, 지리는 볼보 인수 가격과 관련하여 포드와 한 달 남짓한 협상을 진행했다. 피를 말리는 긴장된 협상 끝에 양사는 최종 18억 달러의 가격에 합의하였다. 이 가격은 볼보, 포드, 지리 3사의 끝없는 이익을 전제로 하였으며 포드와 지리가 모두 수긍할 수 있는 가격이었다.

인수 가격 협상에 이어 지적재산권에 관한 협상은 전쟁과 같았다. 처음에 포드는 한 치도 양보하지 않을 기세였지만, 협상이 팽팽한 대치 상태에 이르자 지리의 진가를 알아보고 타협을 선택했다. 결국 양사는 서로 이익을 얻는 선에서 합의에 도달하였다. 지리가 100퍼센트의 지분을 확보한 주주로서 볼보의 핵심 기술, 지적재산권에 대한 소유권 및 대량의 지적재산권에 대한 사용권을 보유하게 되었다.

지리가 성공적으로 볼보를 인수한 후 리수푸는 자동차 업계에서 중국의 헨리 포드로 불리게 되었다. 서구 산업계는 리수푸

제3편 뱀이 꼬리를 삼킨 신화

2011년 2월, 베이징에서 볼보자동차의 중국 비즈니스 전략에 대한 기자 회견이 열렸다. 기자 회견의 마지막에 리수푸(가운데)는 볼보 CEO 스테판 자코비(왼쪽)와 볼보 중국 회장 프리먼(오른쪽)과 함께 손을 맞잡았다. ▷출처: 연합뉴스

와 지리에 충분한 친화력을 보여 주기 시작했다. 전 세계를 놀라게 한 지리의 볼보 인수는 자동차 미치광이 리수푸를 일약 자동차 업계의 거물급 스타로 부각시켰다. 리수푸는 자동차 업계의 국제무대에 당당하게 등장했다. 리수푸는 그의 경력에서 가장 휘황찬란한 시기를 맞이하였으며 전 세계 자동차 산업에서 가장 영향력 있는 인물로 떠올랐다.

'뱀이 코끼리를 삼키는' 인수 과정에서 기회와 도전은 늘 공존하였고 인수 후의 통합 조정은 중요한 핵심이었다. 볼보 인수에 성공한 리수푸는 승리에 도취되어 경솔하게 행동하지 않았다. 그는 매체와의 인터뷰를 통하여 지리와 볼보는 형제 사이로 부자 관계가 아님을 강조했다.

또한, 인수 합병 이후 볼보의 경영은 '볼보 사람이 볼보를 관리'하는 전략을 채택할 것이라고 선언했다. '볼보 사람이 볼보를 관리'하는 방식이란 볼보는 여전히 독립적인 운영 체제를 유지하고 본사는 여전히 스웨덴 예테보리에 두며 직원, 조합, 공급업

● 중국 자동차의 성장세는 계속된다

중국승용차협회(CPCA)의 통계 자료에 따르면 2016년 8월 판매된 중국 승용차는 약 180만 대로 전년 대비 24.5퍼센트가 증가하였다. 7월에는 23.3퍼센트 증가한 데 이어 2개월 연속 20퍼센트대 성장률을 기록하고 있다. 이러한 성장세에 지리자동차의 힘도 한몫하고 있다. 중국 자동차의 성장세는 소형차 구매세 인하 정책이 종료되는 2016년 말까지 계속될 것으로 전망되고 있다.

2015년에 열린 상하이 국제 자동차 산업전시회의 모습. 많은 사람들이 지리자동차의
전시장을 찾아 관람하고 있다.　　　　　　▷출처: Wikimedia Commons

체 및 자동차 판매원들은 모두 기존의 관계를 유지함을 의미한
다. 이 점에서 리수푸는 '지리는 지리이고 볼보는 볼보'라는 원칙
을 기준으로 지리와 볼보가 상호 보완하는 방식을 실현하였다.
문화적 측면만이 아닌 기술, 마케팅 등 여러 측면에서의 보완
을 실행하였다. 지리는 해외 인수 전쟁에서 멋진 승리로 마무리
를 장식했다. 그러나 볼보 인수 후의 지리의 행보 및 볼보의 미

래 등은 모두 어려운 과제임에 틀림없다. 리수푸가 제시한 비전대로 지리의 앞날이 찬란하기를 바라며 그의 고집스러운 지혜가 내일의 성공을 가져오기를 기대한다.